GALERIE

DE L'ÉGYPTE ANCIENNE

EXPOSITION UNIVERSELLE DE PARIS
1878

LA GALERIE
DE L'ÉGYPTE ANCIENNE

A

L'EXPOSITION RÉTROSPECTIVE DU TROCADÉRO

DESCRIPTION SOMMAIRE

PAR

Auguste MARIETTE-BEY

MEMBRE DE L'INSTITUT,
COMMISSAIRE-GÉNÉRAL DE L'ÉGYPTE A L'EXPOSITION

PARIS

AU PAVILLON ÉGYPTIEN DU TROCADÉRO

1878

Droits de reproduction et de traduction réservés.

AVANT-PROPOS.

— Le programme de l'Exposition égyptienne, tel qu'il a été soumis au Khédive et accepté par lui, était ainsi conçu :.

« Montrer par les monuments contemporains l'état de la civilisation égyptienne aux trois époques principales de sa longue durée, c'est-à-dire sous les Pharaons, sous les Arabes et les Ottomans, sous la dynastie régnante. »

Evidemment, si ce programme avait pu être entièrement rempli, un seul local aurait abrité à la fois l'Égypte pharaonique, l'Égypte arabe et ottomane, aussi bien que l'Égypte moderne. A l'unité de plan répondait ainsi l'unité d'exécution, et le tout se présentait à l'étude du visiteur dans un ensemble nettement circonscrit.

Mais des circonstances sur lesquelles il n'est pas besoin d'insister, en ont décidé autrement. La guerre de Russie est intervenue, et quand la participation de l'Égypte à l'Exposition a été enfin décidée, il était déjà si tard que l'Égypte n'a pu entrer assez à temps dans la lice pour y réclamer une place en rapport avec le programme qu'elle s'était tracé.

De là la division de l'Exposition égyptienne en deux parties qui sont : la *Galerie*, c'est-à-dire la travée de l'aile droite immédiatement voisine du Vestibule d'entrée dans le Palais du Trocadéro, et le *Pavillon*, construction séparée, située dans le Parc et à droite de la Cascade.

GALERIE. — La *Galerie* contient l'Égypte des Pharaons, l'Égypte arabe et ottomane, et une partie de l'Égypte moderne. La partie de l'Égypte moderne exposée dans la Galerie est elle-même subdivisée :

1º En *Égypte équatoriale*, représentée au point de vue ethnographique par les armes, les ustensiles, les meubles, les vêtements des peuples de l'Afrique centrale que l'Égypte s'est récemment annexés; 2º en *Égypte proprement dite*, comprenant des objets choisis de l'industrie de ses habitants, exposés comme terme de comparaison et pour aider à l'étude de l'histoire du travail.

PAVILLON. — Le *Pavillon* ne comprend que des produits modernes. On peut y étudier successivement :

1º Les trois salles antérieures et la cour. Cette partie du Pavillon est consacrée aux produits du sol, à l'industrie, aux écoles, aux manufactures de l'État, à tout ce qui tend à montrer l'état de civilisation auquel l'Égypte est arrivée sous l'administration éclairée du Khédive.

2° La salle située à droite de la cour. Le canal de Suez l'occupe. On y voit, figuré par un plan en relief et une vue panoramique, le désert mi-partie asiatique et mi-partie africain, dont le génie de M. de Lesseps a fait une des grandes routes du monde.

3° La salle située à gauche de la cour. Une société s'est formée sous le patronage de S. M. le Roi des Belges pour l'abolition, dans l'Afrique centrale, du trafic des nègres. C'est en qualité de président pour la France de cette Société philanthropique que M. de Lesseps, encouragé et soutenu par le Khédive, intervient encore ici. La salle située à gauche en entrant dans la cour contient des objets qui sont destinés à mettre en évidence les efforts tentés jusqu'à présent par divers voyageurs pour arriver au résultat qui vient d'être indiqué.

Telles sont les grandes lignes qui donnent à l'Exposition égyptienne de 1878 sa physionomie générale. On sait déjà que nous n'avons à nous occuper ici que de l'Égypte ancienne.

ÉGYPTE ANCIENNE

---

§ Ier. — INTRODUCTION.

Quelques mots d'introduction destinés aux
visiteurs qui ne font pas des choses de l'archéologie égyptienne l'occupation habituelle de leur
pensée, sont nécessaires.

L'Égypte est ce que nous appelons « l'Égypte
ancienne » pendant tout le temps qu'elle est
restée païenne et qu'elle s'est servie des hiéroglyphes pour écriture. Comme « Égypte ancienne, » l'Égypte a eu une effrayante durée.
On la trouve déjà debout et organisée en royaume
puissant au quarantième siècle avant notre ère.
Elle ne succomba que 381 ans après J.-C., au
moment où l'empereur Théodose promulgua
l'édit en vertu duquel la religion chrétienne
devint la religion officielle de l'Égypte. Les
temples sont alors fermés, l'ancien culte aboli.
On peut dire que pendant plus de quatre mille
ans, l'Égypte avait adoré les mêmes dieux, parlé
la même langue, employé la même écriture,
pratiqué le même art.

On a coutume de partager les rois qui ont régné sur l'Égypte en *dynasties*, ou familles royales. Ces dynasties prennent leur nom tantôt de la nationalité des rois qui la composent, tantôt de la ville où elles établissent officiellement le siége de leur gouvernement. Il y eut ainsi des dynasties éthiopiennes, persanes, macédoniennes, grecques, romaines, comme il y eut des dynasties thébaines, memphites, éléphantines, tanites.

Les dynasties ont été très-nombreuses et il est vraisemblable que nous ne les connaissons pas toutes. A certaines époques, en effet, le pays a pu être partagé entre deux ou plusieurs dynasties rivales, qui n'ont pas toutes laissé des traces égales sur le sol égyptien. Les dynasties qui ont surnagé et mérité de former la liste officielle des rois légitimes de l'Égypte, sont au nombre de trente-quatre. Le premier roi et le fondateur de la monarchie, Ménès, est en tête de la première ; Théodose est au bas de l'échelle et clôt la série.

Un autre usage s'est établi. Il est souvent difficile d'attribuer d'une manière suffisamment exacte un monument à la dynastie à laquelle il appartient. Une division, à la fois plus large et plus commode, fut alors adoptée. Des trente-quatre dynasties on a fait quatre groupes. Le premier est ce que l'on appelle « l'Ancien-Empire. » L'Ancien-Empire commence avec Ménès et se termine avec la Xᵉ dynastie ; c'est l'époque des Pyramides et des magnifiques tombeaux de Saqqarah. A l'Ancien-Empire succède le Moyen-Empire ; celui-ci commence avec la XIᵉ dynastie; il traverse la brillante époque des Ousertasen et des Aménemha, sitôt interrompue par la désastreuse invasion des Pasteurs, et se termine au moment où, avec l'Amosis de la XVIIIᵉ dynastie, l'Égypte, débarrassée de ses sauvages envahisseurs, renaît de ses propres ruines. La renaissance que la XVIIIᵉ dynastie inaugure et qui ne se termine, après des alternatives diverses, que sous Alexandre, prend le nom de Nouvel-Empire. Enfin, une quatrième période, qui commence à Alexandre et qui se termine à Théodose, reçoit la dénomination générale de « Basses Époques ; » les Macédoniens, les Grecs, les Romains, règnent alors successivement sur l'Égypte.

On devine déjà que, pendant sa longue durée, l'Égypte ne s'est pas toujours appartenue. Beaucoup de peuples l'ont conquise ; les Pasteurs (aussi nommés les Hyksos), les Éthiopiens, les Perses, les Grecs, les Romains, pour ne parler que des plus connus, lui ont tour à tour imposé leur joug. Au milieu des effroyables bouleversements que l'Égypte a eu souvent à subir, une chose est à remarquer. C'est que jamais, quelque puissant qu'ait été le peuple envahisseur, la civilisation égyptienne n'a disparu sous le flot étranger qui s'abîmait sur elle. C'est le vaincu, au contraire, qui a imposé sa loi au vainqueur. Sur quel monument verra-t-on que les Romains, que les Grecs, que les Perses, que les Éthiopiens, que les Hyksos eux-mêmes, aient sacrifié à d'autres dieux que ceux de l'Égypte et aient connu une autre civilisation que la sienne? Ainsi s'accomplit la destinée de ce peuple étrange qui, au plus fort du naufrage, trouve encore le moyen de dominer ceux qui l'ont précipité dans l'abîme.

Il est tout naturel qu'en présence du monument qu'il étudie, le visiteur de notre Exposition cherche à savoir à quelle date précise remonte ce monument. Il n'y a pas de problème plus difficile à résoudre que celui-là, si on veut y apporter la rigueur qui est dans nos habitudes modernes. Malgré les recherches auxquelles tant de savants distingués se sont livrés, on peut dire que la chronologie égyptienne n'existe pas encore. Selon les systèmes, Ménès a régné 5000 ans, ou 3000 ans avant J.-C.; c'est au 23e siècle ou au 30e siècle avant notre ère, que la XIIe dynastie serait montée sur le trône, et ainsi de suite. La chronologie égyptienne porte ainsi la peine de la pauvreté des matériaux dont la science dispose. Autant l'ordre relatif des dynasties peut être regardé comme à peu près certain, autant on doit hésiter et s'entourer de toutes les précautions une fois qu'on essaie de calculer

le temps pendant lequel les dynasties ont régné.
L'historien national, Manéthon, est tronqué
et incomplet ; les dates inscrites sur les monuments sont d'une excessive rareté ; il s'ensuit
qu'on n'avance dans la chronologie égyptienne
que pas à pas et en tâtonnant, comme on mar-
cherait sans lumière dans un souterrain. Rien
n'est plus facile pour nous que de supputer le
temps qui s'est écoulé depuis tel événement sur
lequel nous voulons appeler l'attention : nous
disons l'an 1400, l'an 1520 de J.-C., et tout le
monde comprend. Les Egyptiens n'avaient pas
cette ressource. Ils comptaient par les années du
roi régnant. Un calendrier du genre de celui
dont nous nous servons n'existait pas, et quand
on nous dit que tel livre a été trouvé dans le
socle d'une statue en l'an 21 du roi Ouénéphès,
cela ne nous apprend rien sur le roi Ouénéphès,
et ne nous apprend pas davantage sur l'année
qui correspond à l'an 21 de ce roi. Il semblerait,
au premier abord, que nous devrions trouver
dans les points où l'histoire d'Egypte est en
contact avec un livre aussi connu et aussi étudié
que la Bible, le secours qui nous manque. En
l'an 969 ou 970 avant J.-C., Sésac, qui est le
Scheschonk Ier de la XXIIe dynastie égyptienne,
a pris Jérusalem, enlevé les boucliers d'or du
temple, etc.; donc Scheschonk régnait en Egypte
vers 969 on 970 avant notre ère. Mais au-delà,
les synchronismes bibliques eux-mêmes sont

sujets à caution. Nous savons bien que Moïse a
vécu sous Ramsés II et que l'Exode eut lieu sous
Ménephtah ; nous savons par un passage de
Jules Africain que Joseph fut ministre d'un roi
nommé Apappus, lequel occupe la dernière
place dans le canon des rois de la XVIIe dynastie. Mais comme la date de Ramsés et la date
de Moïse, la date d'Apappus et la date de Joseph,
ne nous sont pas précisément connues, on doit
conclure qu'en définitive ce double synchronis-
me ne nous apprend rien quant à la chronologie
des rois égyptiens. Lorsqu'on s'adresse à un monument égyptien, rien n'est donc plus difficile
à préciser que la date exacte à laquelle il remonte. Aidé de Manéthon, de quelques chiffres
de règne fournis par les monuments, on peut
toujours assigner une date, mais en avertissant
que, même au-delà de Scheschonk, cette date
n'est et ne peut être qu'une approximation.

Le visiteur de l'Exposition est maintenant
suffisamment préparé. Nous entrons sans plus
de préambule dans la description de la Galerie
du Palais consacrée à l'Exposition de l'Egypte
ancienne. On y trouve : 1º des tableaux appliqués contre les murs, 2º des monuments exposés soit dans des vitrines, soit sur des socles
isolés. Nous nous occuperons d'abord des tableaux.

§ II. — TABLEAUX.

On en compte douze. Une légende leur sert de titre commun. Elle est ainsi conçue :

« Tableaux destinés à faire connaître, d'après les monuments contemporains, l'état de la civilisation égyptienne, il y a environ six mille ans. »

Le but à atteindre est ainsi nettement indiqué. Ce n'est ni l'Égypte des Ptolémées, ni l'Égypte des Ramsès ou des Thoutmès, ni l'Égypte des Ousertasen de la XII⁰ dynastie qu'il faut faire revivre sous les yeux du visiteur. Nous remontons plus haut encore ; nous allons au delà de Moïse, au delà de Joseph, au delà d'Abraham lui-même, et nous voulons montrer par des tableaux dont nul ne contestera l'autorité, puisqu'ils sont contemporains des scènes qu'ils reproduisent, ce qu'était la civilisation de l'Égypte sous les IV⁰ et V⁰ dynasties, c'est-à-dire à l'époque des Pyramides. L'intérêt qui s'attache aux douze tableaux de la Galerie est donc manifeste. Par eux nous voyons, nous touchons en quelque sorte du doigt une civilisation qui était déjà en pleine floraison alors que le reste du monde n'avait pas encore d'histoire.

Tous les sujets reproduits sur ces douze tableaux proviennent des mêmes lieux. Comme ville, Memphis n'a rien gardé de son antique magnificence; mais deux de ses nécropoles, Saqqarah et les Pyramides, sont encore aujourd'hui resplendissantes de leurs ruines. C'est sur les murailles des tombeaux de ces deux nécropoles que nos tableaux ont été copiés.

La décoration des tombeaux des deux nécropoles présente une particularité qui nous a singulièrement aidés dans l'accomplissement de notre tâche. Toute la décoration est en effet conçue dans le même esprit, empruntée au même ordre d'idées, exécutée avec le même art. De grandes scènes sculptées et peintes s'étagent le long des murs. Le personnage auquel le tombeau est destiné y est représenté tantôt debout, tantôt assis. Des tables chargées des offrandes qu'à certains anniversaires on apportait en nature dans le tombeau sont devant lui. Sa famille, sa femme, ses enfants (très-rarement son père ou sa mère), ses employés, ses serviteurs, lui donnent le spectacle de l'intérieur de sa maison, tel qu'il vient de le quitter et tel qu'il le retrouvera dans l'autre monde, si par ses vertus il a mérité d'y entrer. Voilà le thème général de la décoration des tombeaux, et il est facile de voir par cet aperçu que, pour la connaissance de la vie privée des habitants de l'Égypte sous l'Ancien Empire, nous possédons dans les tombeaux de Memphis une source d'informations d'une fécondité pour ainsi dire sans pareille. Ici, ce sont les troupeaux du défunt, sa basse-cour, ses bœufs, ses antilopes, ses gazelles, ses ânes, ses grues, ses oies, ses canards, ses tourterelles, qu'on fait passer en sa présence. Plus loin, on danse, on chante, on fait de la musique. Des saltimbanques exécutent les plus difficiles de leurs tours. On pêche et on chasse dans les marais. L'agriculture occupe dans ces tableaux la place la plus importante. On laboure, on sème. Le blé est mûr; on le moissonne; on en forme des gerbes qu'avec plus ou moins de bonne volonté les ânes emportent sur leur dos. Autre part, on sèche et on sale le poisson. Une myriade d'oies et de canards s'ébat dans un étang abrité sous une large vérandah. Les domestiques de la maison leur apportent dans des couffes les grains dont ils se nourrissent. Les inscriptions hiéroglyphiques qui accompagnent ces scènes ne sont le plus souvent que des dialogues familiers entre les personnages représentés. Un bœuf vient d'être abattu. Un homme trempe dans le sang de la victime sa main, qu'il tend vers le nez d'un autre officiant en disant : « Tiens, vois ce sang, il est pur! » — « Allons, coupe ceci! », dit un autre. — « Prends cette corde, ô mon père, » dit à un personnage occupé au travail d'une barque un enfant qui, en effet, tient une corde roulée dans sa main. Puis, des exclamations dans le genre de celle-ci : « Voilà! à l'instant! dépêchons-nous! » etc. Les jeux de mots eux-mêmes ne sont pas dédaignés, et on en trouve qui, pour dater de six mille ans, n'en sont pas plus mauvais. La vie bénie des champs, celle qu'il a aimée, celle qui l'a fait vivre heureux, se continue ainsi pour le défunt au delà de la mort.

Tel est le milieu auquel sont empruntées les scènes qui font le sujet de nos douze tableaux. Qu'un intérêt puissant s'attache à la composition de ces tableaux, c'est ce qui est hors de toute contestation. L'homme proprement dit n'est pas ici en jeu ; ce que ces tableaux démontrent c'est l'antiquité, plus reculée qu'on ne l'a cru jusqu'à présent, de l'homme historique.

TABLEAU Nº 1. — Intérieur d'une ferme. Engraissement des volatiles de toute espèce qui peuplent la basse-cour, oies, canards, tourterelles, demoiselles de Numidie. Une pâte est préparée dans des vases de terre. Des serviteurs de la ferme la roulent entre leurs mains et en forment des boulettes oblongues que d'autres serviteurs introduisent dans le bec des volatiles. Les oies, les canards se dispersent çà et là. Au-dessus de la scène : « promenade des oies, des canards, des pigeons, après qu'on les a gavés. » *Nil novum sub sole.*

Un intérêt d'un autre genre s'attache au tableau nº 1. Nous touchons cette fois à l'histoire de l'art. N'oublions pas que nous sommes ici pour le moins au quarantième siècle avant notre ère. Or, à ce moment, le pilier carré, massif et lourd, n'est déjà plus seul en usage, et les peintures de notre tableau prouvent que la svelte colonne de bois à chapiteau de lotus fermé avait déjà paru. C'est là un fait considérable. Une architecture raffinée comme celle dont nous avons un échantillon sous les yeux est l'irrécusable témoin d'une civilisation qui est déjà bien éloignée des premières années de son enfance.

Ti était un habitant de Memphis qui vivait sous la Ve dynastie et fut enterré à Saqqarah. Tous les voyageurs connaissent son tombeau, découvert pendant nos fouilles il y a une quinzaine d'années, et une des merveilles de la nécropole qui en a donné tant d'autres à la science. C'est sur les murailles du tombeau de Ti que les représentations reproduites sur notre tableau n° 1 ont été copiées.

TABLEAU N° 2. — Il est intitulé : *Jeux, danse, musique*. Dans un coin du tableau, le défunt est toujours censé debout, assistant aux scènes dont l'action se passe devant lui. Ces scènes parlent en quelque sorte d'elles-mêmes, et il est à peine besoin de les décrire.

Aux trois registres supérieurs, des montreurs de bêtes, des saltimbanques, sont introduits

dans la maison. Les uns se livrent à des exer-
cices de gymnastique aussi curieux que variés.
Les autres amènent un lion, une panthère en-
fermés dans une cage aux barreaux solidement
construits, des hyènes, des chiens sauvages, des
gazelles et leurs petits, dont peut-être le défunt
enrichira sa basse-cour.

Le registre suivant est occupé par une grande
joute sur l'eau. Des mariniers montés sur des
barques de roseaux se rencontrent au milieu
d'un des canaux qui sillonnent la propriété du
défunt, et, armés de longs bâtons, se livrent à
des jeux divers. On a joint à ces représentations
la copie d'un tableau qui nous montre un nain
conduisant un singe et un bossu amenant des
chiens-lévriers tenus en laisse.

Le cinquième registre n'est, sous une forme
un peu différente, qu'une autre représentation
des joutes sur l'eau.

La musique et la danse sont réservées à l'é-
tage inférieur du tableau n° 2. Des femmes de
la maison, vêtues du costume de danseuses,
battent la mesure et lèvent les bras en cadence,
devant un orchestre composé de musiciens assis
par terre. Les uns sont des chanteurs ; ils se
couvrent la tempe de leur main étendue, geste
encore familier aux chanteurs de l'Orient. Les
autres sont des joueurs de harpe, de flûte simple ou de flûte double.

C'est par erreur que les saltimbanques des

deux premiers registres ont le nu peint en rouge ; sur le monument original, le nu est peint en jaune clair. Cette remarque a son importance. Les faiseurs de tours, les montreurs de curiosités qui amusaient les habitants de l'ancienne Egypte appartenaient à ces races blanches venues de l'ouest que les inscriptions nous font connaître sous le nom de *Tahennou*. Ces saltimbanques de notre tombeau sont évidemment des Tahennou. Maintenant que les Tahennou paraissent en Egypte tantôt comme amis, tantôt comme ennemis, sous la XIXe ou la XXe dynastie, c'est là ce qui ne peut surprendre. Mais que déjà, à l'époque des tombeaux dont nous nous occupons, l'Egypte se soit trouvée en rapport avec les peuples blancs de l'Occident qui joueront plus tard un rôle si prépondérant dans son histoire, c'est ce qu'il est bon de ne pas passer sous silence.

Ce même tableau n° 2 donne lieu à une autre remarque qu'il convient également de signaler à l'attention. Parmi les serviteurs qui figurent dans les scènes gravées sur les tombeaux se trouvent des individus certainement aussi étrangers à l'Egypte elle-même, que les *Tahennou* dont nous venons de parler. Ceux-ci sont le plus souvent rouges comme les Egyptiens ; mais on en trouve qui sont bruns et même tout à fait noirs. La couleur des cheveux est aussi à remarquer : les cheveux, habituellement noirs, sont parfois roux. La barbe, si rarement indiquée sur les monuments égyptiens, est un autre signe caractéristique. Elle est touffue et rousse comme les cheveux. Enfin, parmi les caractères physiologiques qui forcent l'attention à se porter sur ces serviteurs des domaines égyptiens, on notera la forme de la tête. Le crâne est singulièrement déprimé au sommet et l'ensemble est visiblement dolycocéphale. Le front est très-haut et très-dénudé. Il y a là un caractère général qui trahit une race étrangère. Quelle est cette race ? Appartient-elle comme les *Tahennou* à l'ouest de l'Egypte ? Serait-elle issue de l'Asie occidentale, du Sinaï, de l'Arabie, ou même des contrées vaguement connues sous le nom de Kousch ou d'Ethiopie ? Ces étrangers auraient-ils été, comme en un autre temps les Israëlites, attirés en Egypte par la fécondité proverbiale du sol? C'est ce que nous ne savons pas, et le problème reste jusqu'à présent sans solution.

TABLEAU Nº 3. — Il s'agit cette fois de la pêche et de la chasse.

La moitié supérieure du tableau est occupée par des scènes de chasse. Les ondulations et la couleur du terrain révèlent le lieu de l'action : nous sommes dans le désert. Les chasseurs sont armés d'arcs et de flèches. Ils ont pour aides de grands lévriers aux oreilles pointues dont la queue est tantôt pendante et longue, tantôt recourbée en spirale. Une sorte de bœuf sauvage, des antilopes, des gazelles, des lièvres, des renards, voire même un lion et un léopard, tombent sous leurs coups. Une partie du tableau nous fait assister à des épisodes curieux de la chasse. De grands bœufs mouchetés sont pris au lasso. Un lion, qui n'a probablement pas encore été signalé à l'attention des chasseurs, attaque un bœuf sauvage qu'il va dévorer. Un hérisson sort de son trou et saisit un lézard dont il fera sa proie. Les hautes herbes qu'on aperçoit çà et là dans le paysage n'empêchent pas que les scènes diverses dont nous venons de faire la description ne se passent, comme nous l'avons dit, dans le désert. Sur la lisière de l'Egypte, le désert n'est pas partout absolument aride. Les pluies de l'hiver, la rosée du matin communiquent aux parties basses du terrain une humidité qui suffit à la nourriture de quelques plantes, dont les gazelles, particulièrement, font leur profit.

Le registre qui suit est divisé en deux parties. D'un côté on assiste à la chasse aux oiseaux. Une seine (σαγήνη) est habilement disposée pour saisir les volatiles qui ont l'imprudence de s'aventurer dans ses filets. De l'autre côté on recueille les poissons qu'on vient de prendre. On vide la nasse (Κημος) qui a servi à l'opération. Les poissons sont introduits dans des couffes pour être portés à la ferme.

Scènes de pêche. Des serviteurs de la maison sont montés sur des barques de roseaux. Ils ont préparé des nasses où le poisson vient se prendre.

Ici encore on vide les nasses pleines dont le contenu doit servir aux besoins de la maison. A l'angle droit un espace resté libre est rempli par une représentation dont jusqu'à présent nous n'avons pas trouvé d'analogue en Egypte. Sur un arbre dont les branches sont couvertes d'oiseaux, un immense filet a été jeté, retenant prisonnière toute sa population ailée.

Autres tableaux de chasse aux oiseaux dans les marais. Une grande seine a été préparée. Les chasseurs sont assis par terre et s'apprêtent par un mouvement brusque à fermer le filet. Tout à coup ils se laissent choir sur le dos, et le filet se ferme, retenant prisonniers les volatiles sur lesquels ses mailles viennent de s'abattre. La scène est complétée, selon l'usage, par la mise en cage des produits de la chasse. Tout cela se fait sous la surveillance d'un intendant de la maison dont l'inscription placée à droite du tombeau nous a conservé le nom : il s'appelait *Seneb*.

A l'exception de la scène de l'arbre recouvert d'un filet, qui est empruntée aux murailles du tombeau d'un fonctionnaire de Memphis qui s'appelait *Khou-hotep-her*, tous les tableaux que nous venons de décrire ont été copiés dans le tombeau de *Phtah-hotep*, autre habitant de Memphis qui fut enterré dans la nécropole de

Saqqarah à peu près à la même époque que Ti.

Tableau N° 4. — Tableau extrait du tombeau de Ti.

Ti est debout au milieu d'une barque, le bâton de chef à la main. On pêche, on chasse devant lui. Le gibier est cette fois du gibier d'eau, et un gibier redoutable. C'est à la poursuite du crocodile et de l'hippopotame que les serviteurs de Ti emploient toute leur adresse.

Les temples de la Haute-Egypte nous montrent des champs de bataille où les Pharaons vainqueurs sont représentés. Leur taille est immense; au milieu des cadavres sur lesquels les chevaux s'élancent au galop, ils ont l'air de géants. Ti fut sans aucun doute un maître moins terrible. Mais c'est en vertu de la même idée qu'on lui a donné ici la taille colossale que nous lui voyons : cette taille colossale est un moyen naïf d'exprimer aux yeux la supériorité, l'autorité de Ti, sur tous ceux qui l'entourent.

On notera de curieux épisodes de la chasse à laquelle Ti prend part. Un crocodile et un hippopotame se sont rencontrés et un combat s'en est suivi. Le crocodile, saisi entre les solides mâchoires de son adversaire, est vaincu. Un peu plus loin, l'hippopotame n'a plus affaire cette fois au crocodile, mais à l'homme. Une sorte d'appât a été déposé dans l'eau. L'hippopotame l'a saisi. Un crochet ou un ressort s'est ouvert.

L'animal à son tour est vaincu. Cet épisode
ne rappelle-t-il pas immédiatement les deux
versets de Job : « Attires-tu le Léviathan avec
un hameçon ? et avec une corde lui lèves-tu la
langue ? lui mets-tu un roseau dans la narine,
et avec un crochet, lui perces-tu la mâchoire..? »
Le fameux Béhémoth (le Léviathan) ne serait-
il que le monstre si fréquent autrefois dans les
eaux du Nil, auquel les Grecs ont donné le nom
d'hippopotame ?

Monté sur un de ces légers esquifs qui servaient à naviguer, non sur l'eau rapide du Nil,
mais sur les marais ou les canaux qui sillonnent
les terres cultivées, Ti s'avance au milieu de
gigantesques roseaux de papyrus. Sous ses pieds
sont les poissons, les crocodiles, les hippopotames
que nous connaissons déjà. Sur sa tête voltigent
des oiseaux sans nombre. Rien de plus curieux
que la scène à laquelle nous assistons. Troublés
par l'invasion de deux ou trois mangoustes qui
grimpent le long de la tige des papyrus et qui
viennent chercher les œufs dans leur nid, les
oiseaux s'enfuient de toutes parts. Le martin-
pêcheur plonge comme un trait pour défendre
sa couvée. Moins résolus, les ibis, les cigognes,
les flamants s'envolent dans tous les sens. Les
roseaux plient sous le poids des mangoustes
qui, sournoisement et imperturbablement, vont
accomplir leur œuvre de destruction.

Qui, dans ces eaux peuplées de crocodiles et

d'hippopotames, dans ce fouillis de roseaux si
élevés que par les fleurs qui les surmontent, ils
forment au-dessus de la tête d'un homme un
dôme vraisemblablement impénétrable au soleil,
reconnaîtrait un paysage d'Egypte aux environs
de Memphis, c'est-à-dire à peu près à la hauteur
du Caire ? De nos jours l'hippopotame a disparu
sans retour, et le crocodile ne se rencontre plus
qu'au delà de la Première Cataracte. Plus de
déserts peuplés de lions, de léopards, de troupes
de bœufs sauvages, d'antilopes, de gazelles.
L'Egypte de la Vᵉ dynastie, telle que nous la
montrent les tableaux contemporains, ne res-
semblait que peu à l'Egypte moderne. On dirait
que l'Egypte moderne est plus loin du tro-
pique, ou plutôt que l'Egypte ancienne, aux
premiers temps de son histoire, possédait une
végétation, un climat, une flore, une faune,
d'une nature plus tropicale.

Nous ferons une dernière remarque. Que
Moïse ait été exposé sur l'eau, aux bords du Nil,
où il n'y a pas de roseaux et où le courant
prend toujours l'allure la plus rapide, c'est ce
qui n'est pas vraisemblable. On aime mieux
croire que c'est à l'eau tranquille d'un canal ou
d'un marais, dont le n° 4 de notre collection a
conservé la physionomie générale, que l'enfant
prédestiné a été confié. Qui sait si ce n'est
pas dans un de ces esquifs en roseaux de papyrus dont nous allons avoir tout à l'heure de

nouveaux exemples sous les yeux, qu'il a été exposé ?

TABLEAU Nº 5. — Des menuisiers et des charpentiers sont à l'œuvre.

Les menuisiers fabriquent des lances. Ils confectionnent des lits et des chevets de bois. Ils scient des planches dans lesquelles tantôt ils pratiquent des mortaises au moyen de ciseaux, tantôt ils percent des trous au moyen de ces vilbrequins à archet connus en Orient, sous le nom de *violons*.

Quant aux charpentiers, ils sont occupés à la construction des barques. On abat un arbre. On l'équarrit. On en assemble les pièces pour en faire une de ces barques grossières et très-primitives qu'on voit encore aujourd'hui naviguer aux environs de la Première Cataracte. Des barques plus soignées sont mises sur les chantiers et, selon toute vraisemblance, elles sont destinées à transporter, sur le Nil, les denrées provenant de la ferme du défunt.

Des scènes épisodiques s'ajoutent sur les monuments originaux à ces scènes principales. Des peaussiers transportent des outres à contenir l'eau (*girbeh*). Des tapissiers apportent les éventails, les dessus de plats, les sandales, qu'ils ont confectionnés. On vide les poissons, on les sale, on les prépare pour les amener à l'état de *fessikh*. Les cordes qui vont servir à la pêche dans les marais sont tressées.

On remarquera la forme et la couleur des outils. Le tranchant des haches est rond. Le ciseau est du type ordinaire des ciseaux employés chez tous les peuples. L'herminette présente deux parties : l'une qui est le manche, l'autre qui est l'outil proprement dit, lequel adhère au manche par un enchevêtrement compliqué de courroies ou de cordes. Des marteaux, des demoiselles pesantes qui servent à faire pénétrer l'une dans l'autre les diverses parties d'une barque, sont mis en usage. En ce point, il n'y pas de doute. et, par leur forme, les outils parlent d'eux-mêmes. Mais le doute commence dès qu'on essaie de déterminer par la couleur dont on les a peints, la matière des outils employés. Les haches, au tombeau de Ti, sont uniformément peintes en noir et, dès lors, sembleraient être en silex, en diorite, ou en toute autre matière analogue ; mais, au tombeau de Phtah-Hotep, ces mêmes haches sont peintes en rouge, comme si elles étaient en cuivre, tandis qu'autre part, elles sont peintes en bleu, comme si elles étaient en fer. Même incertitude pour les ciseaux, les herminettes, et en général tous les outils.

L'étude attentive des monuments prouve que les Égyptiens ne se sont jamais mis d'accord avec eux-mêmes, et l'on ne s'aventurera pas trop en disant que les couleurs dont ils ont couvert leurs monuments ont été appliquées plus souvent au hasard que dans le but bien indiqué de donner à l'objet représenté, sa couleur naturelle. C'est autre part que nous chercherons tout à l'heure la solution de cet intéressant problème.

TABLEAU N° 6. — Agriculture, labourage. Scènes de la vie des champs. Des vaches traversent à gué un cours d'eau. Des serviteurs récoltent les roseaux de papyrus qu'ils lient en gerbes et qu'ils emportent à la ferme. Dépiquage des blés par des vaches et des ânes.

La récolte est faite. On charge les gerbes. Remarquons la variété des attitudes. L'âne, vers la Vᵉ dynastie, ne semble pas moins fringant et moins rétif que l'âne égyptien de nos jours. On l'accable de coups, on le saisit par les jambes, par la tête, pour le forcer à se laisser mettre sur le dos la charge qu'on lui destine.

Au registre suivant, construction des meules. Plus loin récolte du blé. Ce n'est pas notre faute si les tableaux ne se suivent pas dans un ordre plus régulier que celui qui est adopté ici.

Au bas du tableau, scènes de labourage et scènes de la vie des champs. On trait une vache. Des bœufs sont attelés à une charrue dont la forme est celle qui est encore en usage. La robe des vaches a une couleur qui n'est pas indifférente. On n'emploiera jamais aux usages profanes un bœuf que sa couleur destine aux cérémonies sacrées. Le bœuf destiné aux cérémonies sacrées porte sur lui-même les marques qui le vouent au couteau du sacrificateur. Les bœufs vulgaires, ceux qu'on peut employer aux travaux des champs, ont une robe mouchetée comme celle des bœufs que notre tableau n° 6 représente.

TABLEAU N° 7. — Sculpteurs et statues. Il est à peine besoin de décrire les scènes diverses qui s'offrent au regard du visiteur. Les sculpteurs sont à l'œuvre et préparent les statues qu'on doit introduire dans le tombeau. Ici on taille l'image d'un personnage debout au moyen des ciseaux et du marteau ; on la polit. Là l'herminette et le burin servent au même usage. Plus loin on dégrossit une troisième statue au moyen d'une sorte de double-hache à tranchant rond qu'on ne rencontre pas autre part.

Puis viennent les scènes du transport. L'image du défunt est enfermée dans un édicule dont la porte est ouverte. Un prêtre se prépare à couvrir la statue de bandelettes, un autre répand autour d'elle la fumée d'une cassolette à encens. Rien n'est oublié, pas même le plumeau qui doit jouer pendant la marche du cortége le rôle du grand éventail qu'on étend au-dessus de la tête du roi dans les grandes processions de Thèbes.

Tout autour des statues sont disposées un peu au hasard les offrandes en fleurs, en fruits, en liquides, en victuailles, qui doivent les accompagner dans la chambre funéraire.

Nous n'avons rien à dire du mode employé pour le transport des statues. L'édicule qui les contient est tout simplement monté sur un traîneau plat. Un homme verse de l'eau sur le sable afin de le durcir. D'autres, en assez grand nombre, tirent sur les cordes attachées au traîneau.

Nous avons appelé *serdab* (du mot arabe qui signifie *corridor*, *réduit*) une petite chambre, ou plutôt une cavité, basse, étroite, ménagée pendant la construction dans l'épaisseur des murailles de certains tombeaux de l'Ancien-Empire. On plaçait dans ce réduit quelques statues représentant le mort et on murait ensuite le tout pour l'éternité. Seulement une sorte de conduit, si petit qu'on ne pouvait y introduire le bras, partait du *serdab* et venait aboutir sous la forme d'un trou rectangulaire à la chambre où les parents du mort s'assemblaient pour les cérémonies funéraires.

Pourquoi ces réduits murés ? pourquoi ces statues cachées dans un mur et qu'un œil humain ne doit jamais voir ? C'est ce que nous ne pouvons expliquer. Quant au trou rectangulaire qui sert de communication entre le *serdab* et la chambre d'assemblée, il est plus facile de le

comprendre. Parfumer les statues, brûler devant
elles de l'encens, était une des parties les plus
importantes du rite pendant les cérémonies cé-
lébrées en souvenir des morts. Le trou rectangulaire ne servait qu'à cet usage. Comme on le
voit par une des scènes reproduites sur notre tableau n° 7, on laissait ouvertes à l'orifice du
trou les cassolettes dont les parfums se répan-
daient dans le *serdab* et allaient réjouir l'âme
du défunt enfermée dans les statues faites à
l'image de son corps.

TABLEAU N° 8. — On a réuni dans ce tableau tous les modèles de barques gravés sur
les murailles des tombeaux de l'Ancien-Empire.
Les *Uau*, les *T'a*, les *Sat*, les *Usekh*, les
Mensch, peuvent y être reconnus.

Les barques en roseaux de papyrus paraissent
au premier plan. Malgré leur fragilité, ces barques devaient s'aventurer quelquefois sur le
grand Nil. Pline mentionne les barques que les
habitants voisins des Cataractes portaient sur
leurs épaules pour leur faire franchir la partie
du fleuve que la rapidité du courant rendait
inaccessible. Ces esquifs, d'un transport si facile, devaient être, sans aucun doute, les barques en roseaux que nous trouvons ici.

Le tableau n° 8 nous montre, à côté des barques en roseaux, des barques plus solides destinées au transport des denrées et des bestiaux.

Nous en avons ici de curieux exemples. Ces barques sont, en général, mises en mouvement par un ou deux rameurs qui se tiennent debout à l'avant. Au centre de la barque sont amoncelés les produits à transporter. L'arrière, comme dans les canges modernes, est muni d'une cabine couverte, sur le sommet de laquelle est accroupi l'homme chargé du gouvernail.

Des barques de même force étaient aussi employées, non plus pour le transport des denrées, mais pour le transport des voyageurs. Les unes marchent à la voile, les autres à la rame. La voile latine triangulaire (la seule que l'on connaisse aujourd'hui en Egypte) ne se trouve pas à ce moment, et c'est la voile carrée qui est seule en usage. Les rameurs sont nombreux. On en compte habituellement de dix à douze sur chaque rang, ce qui porterait à vingt ou vingt-quatre le nombre des avirons dans chaque barque. Remarquez ici le mode employé pour donner au navire sa direction. L'aviron placé à l'arrière tient lieu de gouvernail. Il y a des barques qui ont à l'arrière deux rangs de rames, d'autres qui en ont trois; on en trouve qui en ont jusqu'à cinq. Nous ne saurions dire si les Egyptiens ne se servaient pas du nombre de rames placées à l'arrière en guise de gouvernail pour exprimer, en une brève locution devenue familière à tout le monde, la force et la capacité de leur navire. Avec notre tableau n° 8 nous aurions ainsi, naviguant sur le Nil, des bâtiments à deux, à trois et à cinq rangs de rames.

Comme scènes épisodiques, on remarquera les barques qui occupent le quatrième registre. Ici ce ne sont plus des denrées ou des voyageurs que les barques transportent. Au centre s'élève un édicule contenant la momie que l'on conduit à la nécropole. Des personnages dans la posture de la prière sont à gauche ; des serviteurs placés sur la rive tiennent la remorque ; un canot transporte une cuisse de victime destinée aux offrandes funéraires. A droite, représentation analogue. La barque est remorquée à la fois par des hommes placés sur la rive et par une autre barque plus petite. La momie est dans l'intérieur du coffre fermé.

Le dernier registre donne lieu à une remarque que nous ne devons pas négliger. On y voit que les mariniers du Nil se servaient, non-seulement de la rame (qui se manœuvre le dos du rameur tourné vers l'avant), mais aussi de la pagaie (qui se manœuvre le dos du pagayeur tourné vers l'arrière).

TABLEAU N° 9. — Tombeaux, préparation et porteurs d'offrandes.

On ne comprendrait pas les scènes reproduites sur notre planche n° 9, si nous n'en faisions précéder la description par quelques explications préliminaires.

A Memphis, anssi bien qu'à Thèbes et dans les autres parties de l'Egypte, le premier soin de tout personnage de quelque importance qui arrivait à l'âge d'homme, était de commencer son tombeau. Sa préoccupation de la vie éternelle ne s'arrêtait pas là. Une fois mort, il fallait qu'à certains anniversaires prévus par les lois religieuses, on apportât dans le tombeau des offrandes dites funéraires consistant en fleurs, en fruits, en légumes, en pains, en membres de victimes immolées. Second soin à prendre. Certains revenus, certains domaines, étaient réservés d'avance pour la production et l'apport dans la tombe, des dons funéraires. L'un de ces domaines devait fournir les fleurs, les fruits, les produits de la terre ; l'autre devait envoyer les animaux à immoler : à un troisième appartenaient les pains, les gâteaux, etc., etc.

Le propriétaire du tombeau subvenait ainsi, de son vivant, aux frais des cérémonies qui devaient, après sa mort, lui assurer l'éternité.

C'est à ce soin pieux de l'avenir que se rapportent toutes les scènes qui occupent le champ de notre tableau n° 9.

On peut diviser ces scènes en deux parties. Nous voyons dans la première les serviteurs de la maison occupés à la fabrication des offrandes. On façonne les vases dans lesquels les offrandes liquides en huile, en vins, en eau, en bières, doivent être déposées ; on prépare, on pétrit la terre, on procède à la cuisson. Plus loin, on abat les victimes dont les membres vont être déposés dans la salle réservée à cet usage.

Une deuxième partie (à droite du tableau) nous représente des scènes de l'apport des offrandes. La porte du tombeau est ouverte, la chambre des offrandes a reçu son mobilier funéraire consistant en tables et en autels. Des serviteurs s'avancent chargés de produits de toutes sortes. Ils sont rangés sur quatre registres superposés.

1er *Registre*. Des tables sont déjà couvertes de victuailles, de pains, d'oies, de fleurs, de gâteaux, et prêtes à être introduites dans la chambre funéraire. Des serviteurs de la maison les apportent.

2e *Registre*. D'autres serviteurs s'avancent, conduisant les quadrupèdes destinés à être offerts en sacrifice. Ils portent sur leurs épaules d'autres tables chargées des mêmes offrandes que les précédentes.

3e *Registre*. Continuation des mêmes scènes. On amène un veau, une oie, un bœuf. On se prépare à déposer dans la chambre des fleurs, des liquides.

4e *Registre*. Cette partie du tableau est plutôt symbolique. Comme nous le savons déjà, le propriétaire du tombeau a, de son vivant, affecté une partie du revenu de ses domaines au service des offrandes. Les femmes que nous décrivons ici sont des personnifications symboliques de ces domaines. Autant de femmes, autant de propriétés. Les offrandes fournies consistent comme toutes les autres en liquides, en fruits, en animaux vivants. Une des quatre femmes tient en cage un hérisson qui sera joint selon toute vraisemblance aux animaux dont la mort va servir à honorer la mémoire du défunt. Les noms hiéroglyphiques inscrits devant chaque personnage sont les noms des domaines qu'il symbolise. Ces noms sont formés avec le nom lui-même de Ti : il y a les domaines appelés le *Sycomore de Ti*, le *Champ de Ti*, le *Caveau de Ti*, la *Campagne de Ti*. La place nous a manqué, et nous n'avons pu introduire que quatre des femmes symboliques dans notre tableau n° 9 ; à Saqqarah le tombeau original en compte plus de quarante, précédées de la légende habituelle ; « Dons funéraires envoyés du nord et du sud pour la maison éternelle, » c'est-à-dire pour le tombeau.

TABLEAU N° 10.— Ti est cette foi présent. Il tient en main une sorte de sceptre, emblème de commandement ; il s'appuie sur un bâton de chef ; il est vêtu de la peau de panthère qui est le symbole extérieur de ses fonctions de grand-prêtre ; sur son épaule pend l'écritoire, marque de sa haute dignité d'initié aux choses de la science. Son fils est debout devant lui.

Ti voit défiler sous ses yeux quelques-uns des animaux qui sont la richesse de sa basse-cour.

Au premier registre, sont des antilopes de toutes tailles, des gazelles aux cornes en forme de lyre.

Des oiseaux occupent le second registre. On y trouve des demoiselles de Numidie, des oies de diverses espèces (les Égyptiens en connaissaient quatre), des canards, des tourterelles et leurs petits. Au milieu de cet ensemble, on voit paraître, non sans étonnement, un cygne. Si l'on s'en rapporte à la légende qui surmonte la figure de ce palmipède, Ti aurait possédé dans ses domaines jusqu'à 1225 cygnes.

Le troisième registre est réservé à des chèvres à très-longues cornes horizontales, conduites par leurs gardiens.

4º *Registre.* Jolie scène de la vie des champs. Veaux broutant des touffes de hautes herbes. On trait une vache. L'animal, distrait, peut-être, et rendu inquiet par les deux veaux qui jouent près de lui, est immobilisé au moyen d'une courroie qui lui lie les jambes de derrière.

5º *Registre.* Nouvelles scènes de la vie des champs. Des vaches passent à gué un cours d'eau sur lequel flotte une barque de papyrus montée par trois hommes. Un peu plus loin, des vaches sans cornes et un troupeau de bœufs traversent un nouveau gué. Un veau, trop petit pour suivre sa mère dans l'eau, est porté sur le dos d'un des gardiens. On remarquera certainement le naturel des poses.

On a complété le tableau n° 10 par d'autres scènes tirées de divers tombeaux. Des antilopes, des gazelles, des tourterelles y figurent. Un homme donne à manger à une vache; un autre donne à boire à un veau.

Toutes ces représentations sont bien faites pour fixer l'attention. Nous savons déjà que l'idée générale qu'on peut se faire de l'Égypte ancienne par l'étude des tableaux gravés sur les murailles des tombeaux de Memphis, n'est pas celle que les touristes rapportent de leur excursion dans l'Égypte moderne : l'une ne ressemble plus qu'imparfaitement à l'autre. C'est ici la même impression. La ferme de l'un de nos bons fellahs, où l'on ne rencontre que des chevaux, des buffles, des chameaux, des ânes, des moutons, des chèvres, des oies, des canards, des poulets, des pigeons, n'a presque rien de commun avec la ferme d'un habitant memphite de l'Ancien-Empire, qui ne connaissait ni les chevaux, ni les buffles, ni les chameaux, ni les poulets, ni les moutons, mais qui, en revanche, élevait, en domesticité, une quantité d'antilopes, de gazelles, que l'Égypte moderne ne connaît plus, sans parler des bœufs de toute espèce qui ont disparu et qu'on ne trouve désormais qu'au Soudan. Le nombre, la richesse, la fécondité étaient certainement du côté de l'Egypte ancienne.

TABLEAU Nº 11. — Scènes diverses prises çà et là et sans lien direct entre elles. On n'y trouve plus, comme dans les scènes précédentes, la matière d'un tableau formé d'éléments se rapportant au même sujet.

Les deux premiers registres peuvent n'être pas sans intérêt pour les numismates. Nous assistons à de véritables scènes de bazar. Des individus se présentent pour acheter des produits que des marchands assis par terre leur vendent. Mais ce n'est pas avec de la monnaie que l'acheteur paie le vendenr. Il y a tout simplement échange de produits.

« Voici, dit le marchand, de la liqueur douce ». Au-dessus de l'un des deux acheteurs : « Il apporte une paire de sandales. Voici des sandales excellentes, donnez-moi (la liqueur douce), en échange de ceci ». Une femme achète des concombres et les paie en poissons. Plus loin, des oignons et un tas de blé sont échangés contre un collier, un chasse-mouches, un éventail. Un tableau nous montre l'échange de grands hameçons et de colliers rouges et bleus. Évidemment on ne connaissait pas, à ce moment, l'usage de la monnaie ; la numismatique en était encore à son âge du silex.

Troisième registre. Des nains fabriquent des

colliers richement décorés. On pèse des objets
inconnus dans une balance : « C'est selon le
poids (le poids est exact) ». Fabrication d'objets divers. Maxalage de l'or. « Ils soufflent
pour faire fondre l'or dans le creuset ».

Quatrième registre. Préparation de la viande
pour les offrandes. Fabrication du verr ». Quatre
hommes activent le feu au moyen de chalu-
meaux. Autre scène de bazar. Cette fois, ce n'est
plus un acheteur qui se présente, mais un singe
qui se jette sur le marchand et essaie de lui
voler sa marchandise.

Cinquième registre. Scènes d'agriculture. On
fait la moisson. Un homme boit, un autre
mange un oignon. Un marchand de comestibles
est assis par terre et fait son repas, composé
d'un oignon et d'une tasse d'eau qu'un ap-
prenti lui apporte. La scène change avec le
tableau suivant. On couche daux patients par
terre et l'on s'apprête à leur donner la baston-
nade.

Le sixième registre nous montre des forgerons
entretenant un feu vif au moyen d'outres qu'ils
abaissent comme des soufflets en les pressant
de leur poids, et qu'ils relèvent avec des courroies tenues en main. A côté, scribes assis par
terre et écrivant au milieu de tout l'attirail des
ustensiles de leur profession. « *Évaluation par
les scribes (des produits) de la maison de
l'éternité.* »

Tableau Nº 12. — Seconde série de scènes diverses.

On cueille le raisin. On le presse avec les pieds. On le tord pour en extraire le jus. Ces scènes sont très-souvent répétées sur les bas-reliefs des tombeaux de l'Ancien-Empire. A cette époque reculée, les Égyptiens cultivaient avec soin le raisin et savaient en faire un vin qu'ils appréciaient. Il y avait du vin du « Nord » et du vin du « Midi ; » il y avait du vin « blanc » et du vin « noir. »

Au deuxième registre, on est à table. On mange des courges, de l'oie, des fruits, des gâteaux, on boit du vin. Les convives se font réciproquement des politesses.

Troisième registre. Cordiers exerçant leur profession. Cuisiniers à l'œuvre. Atelier de préparation et de salaison du poisson. D'énormes poissons sont apportés pour être vendus au maître de la maison.

Quatrième registre. Autre scène de la préparation du poisson. « Donne le poisson pour voir, » dit un des personnages. Tout à côté, des hommes et des femmes se livrent à la fabrication du pain. On concasse la farine. Une femme « secoue l'épi. » Une autre « achève de concasser le grain. » On fait « le levain. » On pétrit la pâte. Le pain est ainsi préparé pour la cuisson.

Cinquième registre. Autre scène de cuisiniers dans l'exercice de leur profession. L'un découpe une cuisse de bœuf. Un autre fait rôtir une oie sur un feu ardent. C'est sans aucun doute un véritable bouillon que l'on prépare dans le grand chaudron posé sur le feu dans lequel on vient d'introduire une oie et des parties de quadrupèdes.

Des scènes analogues et non moins curieuses occupent le dernier registre. On pourrait intituler ces tableaux : « Boutiques égyptiennes d'il y a six mille ans. » On y vend de la volaille, du poisson, de la viande de boucherie, des onguents, des huiles, des instruments divers. Des oiseaux vivants qu'on va bientôt immoler volent çà et là dans la boutique.

Telle est la description sommaire des douze tableaux qui garnissent les murailles de la partie de notre Exposition réservée à l'Égypte ancienne et qui sont destinés « à faire connaître, d'après les monuments contemporains, l'état de la civilisation égyptienne, il y a environ six mille ans. »

Au risque de quelques redites, nous en résumerons la signification.

Si nous n'avions fait de l'unité de temps et presque de lieu le principe de la composition des douze tableaux, en d'autres termes, si, pour composer ces douze tableaux, nous avions choisi des sujets dans toutes les époques, si nous avions mis à côté d'un tableau appartenant à l'Ancien-

Empire d'autres tableaux remontant tout simplement aux Grecs et aux Romains, notre but
n'aurait été évidemment pas atteint. Ce que
nous avons voulu, c'est faire revivre au profit
des visiteurs de l'Exposition cette très-vieille
civilisation égyptienne, antérieure à toute autre
civilisation. Pendant que l'Égypte cultivait déjà
ses arts, pendant que ses navires flottaient sur
le Nil, pendant qu'elle possédait déjà une agriculture perfectionnée, pendant que ses artisans
travaillaient le bois, le cuivre, la pierre, où en
étaient alors les autres parties du monde ? Nous
ne prétendons certainement pas que l'Égypte, à
ce moment, possédait à elle seule le monde connu
et qu'il n'y ait pas eu, il y a six mille ans,
d'autre civilisation que la civilisation égyptienne. Ce que nous avons voulu prouver, c'est
que l'homme civilisé est plus ancien sur notre
planète qu'on ne le croit généralement, et que
notre humanité, pour tout dire, n'est pas née
d'hier.

Maintenant ce programme a-t-il été rempli
complétement ? il serait téméraire de l'affirmer.
En douze tableaux nous ne pouvions épuiser un
sujet qui en exigerait dix fois autant.

Et puis, il y a tout un côté de la question que
nous n'avons même pu aborder ici et dont on
trouvera les éléments dans les deux premiers
volumes du grand ouvrage de M. Lepsius, dans
les premiers chapitres de l'*Histoire d'Égypte*

de M. Brugsch-Bey, dans le *Mémoire* de M. de
Rougé *sur les six premières dynasties*, dans
l'*Histoire ancienne des peuples de l'Orient*
de M. Maspero. Là, l'Égypte d'il y a six mille
ans apparaîtra telle qu'elle est véritablement.
Sa religion était établie. Elle possédait sa langue et son écriture. L'art, sous la IVᵉ et la
Vᵉ dynasties, avait atteint à une hauteur que
les dynasties suivantes ne dépasseront jamais.
Elle avait surtout une administration compli-
quée, fruits d'efforts poursuivis pendant de longues années. Il y avait des circonscriptions ci-
viles comme il y avait des circonscriptions
religieuses, des évêques comme des préfets. Le
cadastre existait. Le roi avait sa cour, et toute
une hiérarchie de fonctionnaires, puissamment
et savamment organisée, gravitait autour de lui.
La littérature était en honneur, et on composait
des livres de morale dont quelques-uns sont
venus jusqu'à nous. N'est-ce pas sous l'Ancien-
Empire qu'on bâtissait les Pyramides ?

Voilà sous quels traits, à l'horizon le plus
lointain que l'histoire puisse nous montrer, se
révèle « l'aïeule des nations ». Par les inscriptions, nous connaissons à ce moment des mi-
nistres de la guerre, des généraux, des capitaines;
mais il faut rendre cette justice aux nombreux
bas-reliefs auxquels nous venons d'emprunter
tant de renseignements divers, qu'on n'y trouve
jamais la figure d'un guerrier. C'est que, sous

l'Ancien-Empire, l'Egypte est avant tout un pays d'agriculture, voué aux travaux paisibles des champs et à l'élève des bestiaux. Peut-être est-ce à cette enfance tranquille, sobre, exempte d'alternatives et de passions, que l'Egypte a dû sa longévité, et la verte vieillesse qui, quatre mille ans plus tard, lui permettra de jouer un rôle encore si actif dans les affaires du monde.

§ III. — VITRINES.

Nous n'avons plus affaire à des copies, mais à des monuments originaux. Nous ne nous enfermons plus dans la même époque, et le but que nous nous proposons n'est plus aussi nettement circonscrit. Nous touchons à tous les temps, nous visitons tous les lieux ; chemin faisant, nous abordons tous les problèmes, quoique nous nous proposions principalement de présenter au visiteur de notre Exposition des objets qui se rapportent soit à l'*Histoire de l'Art*, soit à l'*Histoire du Travail*.

On se rappellera que les objets qui font partie de cette série sont exposés dans des vitrines ou sur des socles isolés. Nous commencerons par les objets exposés dans des vitrines.

VITRINE A.

Tous les objets exposés dans la vitrine A peuvent être rangés sous la rubrique : *Histoire de l'Art.*

C'est en effet un problème relatif à l'histoire de l'art que ces objets sont appelés à résoudre.

On sait comment l'art égyptien a été jugé
jusqu'à présent. Sous une influence qu'on a
appelée l'influence sacerdotale, il est devenu
l'art conventionnel et stationnaire par excellence. Toute liberté d'allure lui a été refusée.
Jamais il n'a pu sortir de ce parti pris de rester
dans certaines proportions et dans certaines
lignes qui lui a été imposé. De là, pour ceux
qui n'ont pas fait de l'art égyptien une étude
suivie, cette étonnante immobilité des produits
de l'art égyptien, qui semble s'être mille fois
copié lui-même, sans changement ni altération.
Platon n'a-t-il pas dit : « Il est défendu (en
Egypte) aux peintres et aux artistes qui font
des figures et d'autres ouvrages semblables, de
rien innover, ni de s'écarter en rien de ce qui
a été réglé par les lois du pays ; la même chose
a lieu en tout ce qui appartient à la musique.
Et si on y veut prendre garde, on trouvera chez
eux des ouvrages de peinture et de sculpture
faits depuis dix mille ans (quand je dis dix mille
ans, ce n'est pas pour ainsi dire, mais à la
lettre) qui ne sont ni plus ni moins beaux que
ceux d'aujourd'hui, et qui ont été travaillés sur
les mêmes règles. »

Que la Vitrine A ne soit pas d'accord avec
Platon et lui donne, pour ainsi dire, un dé-
menti, c'est ce que va rendre évident la description des principaux monuments qui y sont
conservés.

Nous rangerons ces monuments dans l'ordre suivant :

1.— GRANDES PYRAMIDES. Plâtre, H. 0,33.

Moulage en plâtre d'une statue de serpentine verte. On ne dira pas que cette tête est banale et le produit d'un art qui n'a jamais changé. Rien de plus personnel, au contraire, que la figure de l'individu représenté. Nous avons là sûrement un portrait et un portrait étudié avec une force et en même temps une délicatesse de main qui doivent d'autant plus fixer l'attention qu'en somme la tête est celle du roi Chéfren, le le fondateur de la deuxième Pyramide. Voilà donc où en était l'art égyptien « il y a environ six mille ans. »

Plus d'un visiteur se rappellera sans doute l'admirable statue du même roi qui a figuré à l'Exposition de 1867. La tête de celle que nous cataloguons est plus vivante et en quelque sorte plus personnelle. Elle a été plus évidemment travaillée avec le modèle sous les yeux. Le roi était déjà vieux; il est beaucoup plus jeune sur l'autre statue. Les deux têtes n'en sont pas moins d'admirables spécimens de l'art de la sculpture sous les plus anciennes dynasties.

Inutile d'ajouter que le buste n° 1, comme tous les monuments exposés dans la travée de

l'Égypte ancienne, fait partie de la collection
du musée de Boulaq.

2. — SAQQARAH. Calcaire. H. 0,30.

Autre statue faite d'après nature.
Ce « cuisinier » s'appelait *Nem - Hotep*,
comme le personnage célèbre de Béni-Hassan.
Il était nain, avec tous les caractères qui dis-
tinguent les nains : tête grosse, torse très-long,
bras courts et jambes courtes ; il était de plus
dolycocéphale. La ressemblance a été évidemment cherchée. Ce « cuisinier » dut être, lui
aussi, un personnage. Il avait à Saqqarah un
des beaux tombeaux de cette nécropole.
Nous avons fait des efforts, malheureusement
inutiles, pour retrouver la momie, dont il eût
été curieux de voir la tête, ne fût-ce que pour
juger de la ressemblance.

3. —GRANDES PYRAMIDES. Calcaire. H. 0,28.

Commencement d'une précieuse série de statues qui sortent des règles habituelles de l'art
égyptien. On n'y trouve plus rien de l'immobilité, de la roideur, de la sécheresse des autres
statues. Ici l'art égyptien s'émancipe et se dé-

gage, autant que le permet le génie de la race, de l'influence dite sacerdotale.

Un homme est assis par terre. Entre ses jambes écartées il tient un vase duns lequel il introduit la main gauche. Il prépare une des offrandes destinées au tombeau dans lequel sa statue a été découverte.

4. — SAQQARAH. Calcaire. H. 0,36.

Personnage assis par terre les genoux relevés. Il porte la main à la tête en signe de deuil.

5. — GRANDES PYRAMIDES. Bois. H. C,31.

Statue mal conservée. Elle représente un homme debout, se drapant dans une ample couverture, qui l'enveloppe de la tête aux pieds. Le bras droit est libre. La main droite est croisée sur la main gauche, qui sort à travers une ouverture du vêtement. Cette attitude inusitée appartiendrait plus à une statue du temps des Empereurs dans le style égyptien qu'à une œuvre antérieure de trente ou quarante siècles à l'occupation romaine.

Les yeux étaient rapportés et malheureusement n'existent plus. Comme tous les yeux rapportés des statues de l'Ancien Empire, ils étaient formés d'un morceau de quartz blanc opaque, au centre duquel un morceau de cristal de roche sert de prunelle, le tout enveloppé de paupières de bronze. Au centre et au fond du cristal de roche, un clou brillant est fixé et donne à l'œil ainsi fabriqué quelque chose du regard de la vie.

6. — SAQQARAH. Calcaire. H. 0,35.

Nous savons par les inscriptions qui couvrent les murs des tombeaux qu'au nombre des offrandes dites funéraires, figuraient les pains ou gâteaux sacrés. A l'approche du jour où les parents du défunt devaient aller processionnellement placer dans la chambre réservée à cet usage les offrandes dont les lois religieuses du pays prescrivaient le dépôt, une certaine activité devait évidemment régner dans la maison parmi les gens occupés à la préparation de ces pains.

La statue que nous cataloguons représente un personnage dans l'action de pétrir la pâte qui va servir à la confection des pains. Il est à genoux. Une pierre de granit est devant lui. Il roule la pâte, la pétrit. Une excursion de quelques minutes dans l'île d'Eléphantine fera rencontrer au voyageur, presque devant chaque porte, des femmes agenouillées qui, sur une pierre de même forme, dans la même pose et avec le même geste, préparent de la même manière le pain de la maison.

Seulement le pain doit être ici confondu parmi les victuailles, les fruits, les fleurs, les viandes, et toutes les denrées qu'on va déposer en nature dans le tombeau. Le défunt n'en profitera pas plus que les morts des cimetières modernes de l'Egypte ne profitent des oignons, des vases pleins d'eau, des friandises de toute espèce que, chaque vendredi, les parents viennent déposer à l'entrée du tombeau.

La statue n° 6 est intéressante à un autre point de vue. Il n'est pas rare de voir, sur les statues de l'Ancien Empire, la moustache indiquée. Mais c'est très-exceptionnellement qu'on aperçoit les traces de la barbe. A l'époque où nous sommes, l'art égyptien avait cette liberté d'allures dont nous avons parlé autre part.

7. — SAQQARAH. Calcaire. H. 0,34

Statue de femme dans la même pose que la précédente. Elle représente une femme préparant les pains funéraires. Une inscription est gravée sur un des côtés du socle. Nous y voyons que notre pétrisseuse s'appelait *Aschaket*.

8.— SAQQARAH. Calcaire. H. 0,30.

Autre pétrisseuse trouvée dans le même tombeau que la précédente. On remarquera les détails inusités de la coiffure. Une étoffe couvre la tête. Une bandelette serrée empêche les cheveux de tomber sur les yeux et de gêner le travail de la femme agenouillée dont nous avons la statuette sous les yeux.

9.— SAQQARAH. Granit noir. H. 0,35.

Statue d'un personnage assis par terre les jambes croisées. Malgré ses formes repoussantes, cette statue est encore un portrait. On doit ajouter cependant que les plis de graisse dont on l'a chargée ne sont pas toujours la marque d'un embonpoint exagéré. Sous la XIIe dynastie, par une convention assez singulière, l'opulence du défunt, quelquefois même la richesse, le bonheur, la satisfaction dont il doit jouir dans l'autre monde, sont ainsi indiqués. Ici l'artiste n'est arrivé qu'à une laideur qui frappera tout le monde.

10. — SAQQARAH. H. 0, 37.

On étudiera comme point de comparaison et pour ainsi dire comme contraste, la jolie statue que nous cataloguons sous le n° 10. Ici, nous retournons à l'influence sacerdotale et aux poses conventionnelles. La statue n° 10 n'en est pas moins remarquable. Elle représente un architecte nommé *Nefer*. Si petite qu'elle soit, l'harmonie de ses formes lui donne l'aspect d'un colosse. La poitrine et les jambes sont traitées avec la supériorité qui caractérise cette époque.

11. — GRANDES PYRAMIDES. Calcaire. H. 0,10.

Voici une statue que nous donnons comme une preuve à l'appui de la thèse que nous soutenons. A aucune autre époque les Égyptiens n'ont réussi à modeler une tête plus largement. Les yeux sont bien ouverts, le nez fin et légèrement retroussé, les lèvres épaisses, la bouche grande, les joues pleines, l'ensemble du visage doux et bienveillant. La convention n'est apparente que dans l'arrangement trop systématique de la grosse perruque qui couvre la tête.

12. — GRANDES PYRAMIDES. Calcaire H. 0,45.

Joli groupe. Une femme s'appuie sur son mari qu'elle tient par l'épaule et le bras. Rien de plus fréquent sur les monuments égyptiens que ces représentations du mari et de la femme. L'amitié entre époux est exprimée dans les inscriptions hiéroglyphiques d'une façon souvent fort touchante.

13.—ÉLÉPHANTINE. Serpentine verte. H. 0,37.

Statue qui s'éloigne, comme beaucoup de celles qui précèdent, des formes conventionnelles. La ressemblance doit avoir encore été cherchée. Le personnage représenté était maigre, élancé, aussi étroit des épaules que ses ancêtres de la IVe dynastie sont larges. La tête surtout a une singulière expression, et la conformation du crâne mérite d'être étudiée. Il est vraisemblable que ce portrait en pied remonte à la VIe dynastie.

14. — Abydos. Granit gris. H. 0,21.

Joli spécimen de l'art égyptien sous la XIIe dynastie. Un personnage est assis par terre. Il est
enveloppé d'une robe finement bordée de
franges. De la fente ménagée par devant, sort
sa main gauche étendue ; le pouce seul de la
main droite est apparent. Il s'appelait *Khoti*.
fils de sa mère *Hathor*.

15. — Thèbes. Deir-el-Bahari. H. 0,40.

Ce curieux bas-relief provient du grand
temple de Deir-el-Bahari, et de l'une des
chambres de ce temple où l'on avait représenté
des épisodes divers d'une mission envoyée par
la reine *Hatasou*, sœur de Thoutmès (XVIIIe dynastie) dans le pays des Somali, lequel s'appelait à ce moment le pays de *Poun*.

Un de ces épisodes est celui qui montre la mission égyptienne et son escorte de soldats débar-
quant sur la plage. On voit au loin les huttes
d'un village, des arbres, des oiseaux qui voltigent de branche en branche. Le roi de Poun se
présente au chef égyptien et lui apporte des présents de toute nature. Il est suivi de sa femme,
de ses enfants, de ses serviteurs. Près de là,

échoués sur le rivage, sont les vaisseaux égyptiens à bord desquels on embarque les présents. Les anneaux d'or, d'argent, les dents d'éléphants s'empilent successivement sur les ponts des navires avec des ballots dans lesquels sont empaquetées les denrées les plus diverses.

Il y a une quinzaine d'années, on avait fait déblayer la salle dont les parois sont couvertes de ces curieuses représentations, pour en rendre l'accès et l'étude plus faciles aux voyageurs. Une nuit, des Européens de passage à Thèbes, y pénétrèrent, et, pour en enlever une des pierres, démolirent la moitié du mur. Le bas-relief que nous cataloguons sous le n° 15 provient du mur démoli. Pour une cause restée inconnue elle n'avait pas été enlevée avec les autres parties de la représentation.

On y voit encore le roi de Poun qui arrive en suppliant. Derrière lui se trouve sa femme. Celle-ci a la chevelure soigneusement peignée et ramenée en queue épaisse par derrière. Un collier formé de gros disques enfilés orne son cou. Elle a une grande chemise jaune sans manches. Quant à ses traits, ils sont assez réguliers quoiqu'un peu virils, mais tout le reste de sa personne est repoussant. Ses bras, sa poitrine, ses jambes sont comme chargés de chairs ramollies ; le bassin se projette en arrière et accuse une difformité que l'artiste égyptien a rendue avec une naïveté surprenante.

16. — ABYDOS. Granit noir. H. 0,40.

Statue. Un prêtre, reconnaissable à la peau
de panthère dont il est revêtu, est agenouillé.
Il tient devant lui un objet inconnu surmonté
d'une tête de bélier. Il s'appelait *Anhour*
(Onouris) qui est le nom de la divinité principalement adorée dans la province d'Abydos.
Le cartouche qu'on aperçoit sur l'épaule est
celui d'Aménophis II (XVIIIᵉ dynastie).

L'art de la sculpture sous la XVIIIᵉ dynastie
était remonté à la hauteur que lui avait fait
perdre depuis la grande époque de la XIIᵉ les
malheurs successivement accumulés sur l'Egypte.

Qui n'a présentes à la mémoire les admirables
statues conservées dans le musée de Turin?
Notre nº 16 n'a malheureusement pas été assez
fini pour donner au visiteur une juste idée de
l'art de la sculpture à l'époque dont nous venons
de parler.

17. — ABYDOS. Granit gris. H.

Autre statue du même temps que la précédente et de même provenance. Un personnage
nommé *Ani* est dans une des postures de l'adoration. Il présente au dieu inconnu qu'il invo-

que, un sistre, emblème de la déesse Hathor.
Travail fini et large en même temps, qui rappelle
plus que le travail de la statue précédente, la
belle époque des Aménophis et des Thoutmès.

18. — Bubastis. Basse-Egypte. Calcaire
compact. L. 0,35.

Crocodile à tête d'épervier. Il faut voir dans
cette bizarre représentation, une des divinités
hybrides, produit de l'imagination un peu dé-
réglée des Egyptiens de la dernière période de
l'Empire. Le crocodile symbolise les ténèbres ;
l'épervier, dont les Egyptiens croyaient que l'œil
peut seul sans s'éblouir regarder le soleil, symbolise la lumière. Sous cette seule forme sont
ainsi réunis comme à Ombos, la vie et la mort,
le jour et la nuit, la vérité et le mensonge, la
nature qui semble périr tous les hivers, pour
renaître plus verdoyante tous les printemps, etc.
Les Egyptiens aimaient à exprimer ces con-
trastes par des images comme celles que nous
avons sous les yeux.

19. — Hor-Beyt (Basse-Egypte). Diorite
verte. L. 0,52.

Osiris est non-seulement le dieu du bien,

mais le dieu du bien vainqueur dans sa lutte contre le mal. Autrefois descendu sur la terre, il avait été mis à mort par *Typhon*. Mais la mort définitive ne l'avait pas atteint, et chaque année, à l'équinoxe du printemps, il ressuscitait pour mourir encore à l'équinoxe d'automne.

On voit par ce court résumé qu'Orisis, en principe, personnifie la nature dans ses alternatives d'hiver et de printemps, de froid et de chaud, de sécheresse et d'humidité, de bien et de mal, de vie et de mort, de vérité et de mensonge, de lumière et de ténèbres, etc.

Tel est le dieu dont nous avons en ce moment une statue sous les yeux. Tous les ans, à l'équinoxe du printemps, les principales villes de l'Egypte célébraient les fêtes « tristes » de la mort, et les fêtes « gaies » de la résurrection. On élevait dans chaque temple un cénotaphe, dans lequel le dieu mort était censé couché. Les prêtres représentaient les mystères de la Passion. Puis, au jour dit, le dieu s'élançait du sein de la mort pour ressusciter à la vie divine.

Voilà la signification du curieux monument que nous cataloguons sous le n° 19. Ce monument est fait à l'image du cénotaphe de Dendérah. Le dieu étroitement enveloppé dans ses bandelettes de momie, est couché sur le ventre à la manière des colosses qu'Amasis, au dire

d'Hérodote, avait fait placer devant le temple de
Saïs. L'heure de la résurrection approche. Il lève
la tête comme pour chercher l'air nouveau qui va
vivifier ses poumons. On ne trouve qu'aux basses-époques le dieu à tête d'épervier et à corps
de crocodile du numéro précédent ; mais l'Osiris
couché et à l'état de larve, quoique se rapportant au même dogme, est de tous les temps.
Celui que les ruines d'Hor-Beyt nous ont rendu
appartient vraisemblablement à la XXVIᵉ dynastie. Apriès avait, avec la statue d'Hor-Beyt, une
ressemblance qui doit frapper tous ceux auxquelles la figure des sphinx d'Apriès au Sérapéum a
rendu le portrait de ce roi familier.

20. — THÈBES (Deir-el-Bahari). Bois. H. 0,28.

On appelle *stèles* ces dalles plates, quelquefois rectangulaires, plus souvent arrondies au
sommet, sur lesquelles on gravait ou on pei-
gnait des inscriptions accompagnées de tableaux. Les stèles servaient à beaucoup d'usages. Mais, en général, elles font office de pierres
tumulaires. On les trouve alors dans les tombeaux dont elles sont en quelque sorte l'ensei-
gne. Il y a des stèles de granit, de calcaire, de
grès, d'albâtre et même de bois.

La stèle nº 20 est une stèle de bois. Elle a été
découverte à Thèbes dans le caveau mortuaire

d'une dame de la XXVIᵉ dynastie, qui portait le nom, assez commun à cette époque, de
T'at-Amen-auf-ankh.

Un stuc léger, appliqué sur la face princi-
cipale de la stèle, a reçu une peinture en couleurs gommées qui lui donnent l'aspect écla-
tant d'une gouache.

Au registre principal, la défunte est représentée vêtue de la longue robe. Elle fait une
adoration au dieu Ra, debout au côté opposé du
tableau.

Le bas du monument est occupé par une composition digne d'être remarquée, et qui prouve
une fois de plus que l'art égyptien n'a pas toujours été, comme on l'a dit, emprisonné dans
certaines lois hiératiques. A droite, entre les
acacias et les dattiers qui bordent la lisière de
terres cultivées, une table d'offrandes est chargée de dons funéraires ; à gauche, la tombe
elle-même s'élève au bord du désert. Un pylône,
surmonté de deux pyramidions, la précède. Un
peu plus loin est l'édicule qui recouvre la sépulture proprement dite. Au centre, une parente de
la défunte est agenouillée, tête nue, dans la posture des pleureuses. Tout cela est loin, bien en-
tendu, d'être un chef-d'œuvre. La composition
n'en est pas moins précieuse, parce qu'elle est
un des rares exemples que nous ayons de la peinture pittoresque chez les Egyptiens.

VITRINE B.

Les monuments conservés dans la Vitrine B pourraient aussi figurer dans notre Catalogue sous la rubrique *Histoire de l'Art.*

Un seul coup d'œil suffit pour en révéler le caractère principal. A l'exception d'une statue inachevée, tous sont des modèles gradués de sculpture.

En voici la notice.

21, à 35. — Saqqarah.
Calcaire. H. moy. 0,15.

Quinze têtes humaines. L'*urœus* qui se dresse sur le front en fait des têtes royales.

Du n° 21 qui est une ébauche à peine dégrossie, on arrive, par des transitions plus ou moins ménagées, au n° 35 qui nous offre une tête dans le plus parfait état d'achèvement. Tout d'ailleurs est sacrifié à la face proprement dite. L'un des modèles (n° 26) est même coupé par le milieu afin de mieux accuser le profil.

Trois autres modèles (n°s 27-29) portent, tracées sur toutes leurs faces un système de lignes horizontales et verticales symétriquement croisées. La nature des monuments dont nous nous

occupons se révèle ainsi de plus en plus claire-
ment. Les lignes quadrillées, qui ne sont que
« la mise au carreau » de la pierre se joignent
au travail du ciseau intentionnellement laissé
visible pour faire de cet ensemble de têtes une
série d'études pour les sculpteurs. Les têtes ont
l'*urœus*, probablement parce que les sculpteurs
s'essayaient sur la figure du roi régnant.

36 à 42. — TANIS.
Calcaire. H. moy. 0, 30.

Voici sept dalles sculptées qui rentrent dans
la catégorie des modèles dont nous venons de
faire la description. Ce sont encore évidemment
des études graduées de sculpture. Mais cette fois
la tête humaine est remplacée comme sujet donné
par une figure en pied.

On remarquera que presque tous les modèles
de cette nouvelle série vont deux par deux. A
côté de la simple ébauche (voy. nᵛ 36) à peine
commencée, se trouve l'étude du même sujet
(nº 37), tout à fait finie. La grande Isis en
pied a été étudiée deux fois, une fois comme
ébauche, une fois comme détails achevés.

Voyez aussi la curieuse dalle portant les deux
têtes du dieu *Bès* (nᵘ 42).

43 à 51. — Tanis et Saqqarah.
H. moy. 0, 20.

Neuf autres dalles de même provenance et se rapportant au même sujet. Modèles d'oiseaux et de quadrupèdes. Les nᵒˢ 43, 44, 45, qui représentent des têtes de cynocéphale, de lion et de lionne, sont remarquables par la hardiesse et la franchise de leur exécution.

Il est probable que l'ensemble de ces monuments remonte à la même époque. Bien certainement aucun d'eux ne dépasse la XXVIᵉ dynastie, et on pourrait, je crois, sans grande chance d'erreur, les attribuer tous au règne de l'un des premiers Ptolémées. Nos modèles de sculpture seraient ainsi à peu près contemporains d'Alexandre.

52, 53.— Abydos. Calcaire. H. moy. 0,16

Une jambe et deux pieds humains à l'état d'ébauche. Ces trois modèles ne donnent lieu à aucune observation nouvelle. Les sillons tracés par l'outil, y sont, comme ailleurs, apparents.

54. — MEMPHIS.
Serpentine grise. H. 0, 15.

Nous n'avons plus affaire ici à une étude ou
à un modèle de sculpture, mais à une statue qui
n'a pas été achevée. Le personnage représenté
est à genoux, et assis sur ses talons, ce qui, chez
les Egyptiens, est une des cinq postures de la
prière. Il tient devant lui un *naos* dont le creux
devait contenir une figure de divinité. La tête
n'est encore que sommairement indiquée ; mais
le travail de l'artiste a été poussé beaucoup plus
loin dans l'exécution des pieds, qui n'attendent
plus que le polissage.

La statue n° 54 est taillée dans cette pierre
extraordinairement dure qu'on appelle de la serpentine ; nos autres modèles sont uniformément
taillés dans le calcaire, qui est une pierre rela-
tivement tendre. Cette différence explique la
différence de la trace laissée par l'outil sur les
monuments dont nous nous occupons. Le simple
ciseau a marqué sur le calcaire le sillon prolongé
qu'on voit sur la plupart de nos modèles ; pour
obtenir le piquetage dont la statue ébauchée
est couverte, il a fallu l'emploi d'une sorte de
grosse pointe analogue à la *marteline*.

Un dernier mot.

Nous avons dit que les lignes horizontales et verticales symétriquement croisées dont quelques-uns de nos modèles ont gardé la trace, ne sont qu'une « mise au carreau » destinée à guider et à faciliter le travail du sculpteur. Ne pourraient-elles pas être autre chose, sans cesser pour cela d'être une simple « mise au carreau ?,» Il s'agissait tout à l'heure (Vitrine A) du célèbre passage de Platon et de la contrainte imposée aux artistes égyptiens par les lois religieuses du pays. Ne s'agirait-il pas ici (Vitrine B) d'un autre passage non moins célèbre de Diodore : « (Les Egyptiens), dit Diodore, divisent le corps en 21 parties 1/4, et ils réglent là-dessus toute la symétrie de l'œuvre ? » Pour tracer les lignes de la « mise au carreau », n'aurait-on pas emprunté ces lignes à ce canon officiel des proportions de la figure humaine dont parle Diodore, et dont on a vainement jusqu'à présent cherché une application satisfaisante sur les monuments? En d'autres termes nos lignes symétriquement croisées ne seraient-elles pas calquées sur les lignes du canon officiel lui-même, ce qui n'aurait certainement rien d'étonnant?

C'est malheureusement par la négative qu'il faut répondre à cette question. Si les lignes quadrillées dérivaient d'un point de départ commun, elles seraient identiques chez tous les modèles. Or une figure divisée (de *l'uræus* au menton) en quatre parties sur les n^os **27, 28,** est divisée en trois sur le n⁰ 29, tandis que, dans la plupart des cas, la division en carreaux semble tout à fait laissée à l'arbitraire ou à la commodité de l'artiste. A la vérité les deux n⁰ˢ 27, 28 semblent faire exception à la règle ; les lignes y sont gravées sur le même modèle et dans les mêmes proportions relatives. Mais ces deux modèles sont de la même main, sortent du même atelier. On n'en peut conclure que les divisions choisies par l'artiste pour accomplir son travail seraient précisément celles du canon officiel. Le problème reste donc en suspens.

VITRINE C.

Troisième vitrine consacrée à l'Histoire de l'Art.

Les monuments conservés dans la Vitrine C appartiennent originairement à l'une des quatre grandes divisions dont se compose toute collection d'antiquités égyptiennes : ils sont ou religieux, ou funéraires, ou civils, ou historiques. Mais ce n'est pas pour leur signification ou leur valeur propre que nous les introduisons ici : ils ont une place dans la vitrine C parce que, comme matière ou comme exécution, ils touchent par quelque côté à l'Histoire de l'Art.

Les objets principaux de la Vitrine C peuvent être décrits dans les termes suivants :

55.— ALEXANDRIE. Granit noir. H. 0,42.

Stèle gravée sur les deux faces. Il est assez difficile d'en préciser l'époque. Il ne serait pas impossible cependant que le monument remontât jusqu'à la XXVIe dynastie, et peut-être un peu au delà.

L'art doit réclamer, dans la stèle no 55, les légendes hiéroglyphiques de la face postérieure, et les figures de ronde-bosse de la face principale. Les légendes hiéroglyphiques sont gravées avec toute l'ampleur et la finesse de l'époque. Quant aux figures de la face principale, elles se recommandent à l'attention, en premier lieu, parce que les figures de ronde-bosse sont toujours extrêmement rares sur les monuments égyptiens ; en second lieu, parce que les figures s'y présentent de face au visiteur, ce qui est une autre exception.

La signification du monument que nous décrivons n'est pas douteuse. Dans la mythologie égyptienne, Horus est le dieu vainqueur par excellence. Il est le soleil du matin, qui sort

triomphant de sa lutte contre les ténèbres de la
nuit. A la nuit appartiennent le mal, la mort,
les animaux qui mordent et qui tuent ; à Horus
jeune appartiennent la lumière et la vie. On voit
par là comment s'expliquent les scènes gravées
sur la face antérieure de notre stèle. Horus enfant, c'est-à-dire vainqueur du mal, est debout,
entouré de tous les animaux malfaisants, lions,
serpents, scorpions, antilopes du désert, qu'il a
domptés. Sur sa tête est la face du dieu Bès,
symbole de la résurrection et de la joie ; sous
ses pieds sont les crocodiles, symboles de la
mort vaincue. La stèle n'est ainsi qu'une promesse faite à celui qui la possède. Il vaincra
les animaux malfaisants, compagnons de la
nuit et de la mort. Il entrera dans le séjour des
bienheureux pour y jouir de la vie éternelle. On
voit par-là qu'en définitive les monuments de
la classe à laquelle appartient notre stèle n° 55
ne sont que des talismans.

56. — SAQQARAH. Serpentine grise. H. 0,40.

Cette jolie statue représente Osiris assis sur
son siége divin. Il a sur la tête la couronne qui
symbolise la souveraineté sur les deux mondes,
c'est-à-dire sur le ciel et sur la terre. Il tient
en main les deux sceptres, marques de sa puissance. Par l'un (le fouet), il pousse en avant ;

par l'autre (le crochet), il retient. Il est ainsi le modérateur par excellence.

Nous savons déjà (n° 19) qu'Osiris personnifie la nature créatrice dans sa lutte avec le principe du mal, par lequel elle est quelquefois vaincue, mais dont elle finit toujours par triompher.

De ce rôle principal découlent une multitude d'allégories qui se groupent autour d'Osiris et font de ce personnage un des types divins les plus curieux à étudier.

La vie de l'homme a été assimilée par les Égyptiens à la course du soleil au-dessus de nos têtes; le soleil qui se couche est l'image de la mort. A peine le moment suprême est-il arrivé, qu'Osiris s'empare de l'âme qu'il est chargé de conduire à la demeure éternelle. Osiris était autrefois descendu sur la terre. Être bon par excellence, il avait adouci les mœurs des hommes par sa bienfaisance; mais il avait succombé sous les embûches de Typhon, et pendant qu'Isis et et Nephthis recueillaient son corps qui avait été jeté dans le Nil, le dieu ressuscitait et apparaissait à son fils Horus, qu'il instituait son vengeur. C'est ce sacrifice qu'il avait autrefois accompli en faveur des hommes qu'Osiris renouvelle ici en faveur de l'âme dégagée de ses liens terrestres. Non-seulement il devient son guide, mais il s'identifie à elle; il l'absorbe dans son propre sein. C'est lui alors qui, devenu le défunt lui-même, se soumet à toutes les épreuves que celui-ci doit subir avant d'être proclamé juste ; c'est lui qui, à chaque âme qu'il doit sauver, fléchit les gardiens des demeures infernales et combat les monstres, compagnons du mal et des ténèbres. Osiris est ainsi le principe du bien. Il est chargé de saüver les âmes de la mort définitive et de l'anéantissement ; il est l'intermédiaire entre l'homme et Dieu ; il est le type et le sauveur de l'homme.

57.—Saqqarah. Bronze. H. 0,15.

Apis sous sa forme de taureau. On ne refusera pas à cette statuette la majesté tranquille qui catactérise la plupart des produits de l'art égyptien. La statuette que nous avons sous les yeux a été trouvée dans les sables du Serapéum avec d'autres monuments du règne d'Amasis (XXVIᵉ dynastie). Elle n'est par conséquent pas antérieure à l'an 550 avant J.-C. Une inscription en caractères cariens curieusement mélangés de quelques hiéroglyphes est sur le socle.

Apis, représenté sous la forme d'un taureau, la tête coiffée du disque lunaire, occupe une place à part dans le mythe d'Osiris. C'est Osiris lui-même, c'est le dieu bon par excellence qui est devant nous ; c'est le dieu qui autrefois était descendu sur la terre pour adoucir les mœurs des hommes et qui, de temps à autre, se manifeste encore à eux sous la forme d'un vulgaire quadrupède. Tel est, en effet, le caractère d'Apis. Apis est Osiris fait chair. On reconnaissait qu'Osiris se manifestait, (ce qui n'arrivait pas toujours), quand, en un lieu quelconque de l'Égypte, naissait un veau pourvu des **28** marques qui révélaient aux prêtres son origine céleste.

58. — Saqqarah. Bronze, H. 1,40.

Ce magnifique bronze représente le dieu Nefer-Toum debout. Il porte sur la tête la grande coiffure formée de fleurs de lotus épanouies. Des plaquettes de pierre dûre enchassées dans les creux de cette fleur lui donnaient sa couleur naturelle et tenaient lieu de nos émaux. Procédé d'art à étudier.

Nefer-Toum est le soleil couchant. Il est le dieu qui protège l'âme humaine au moment où elle quitte son enveloppe terrestre pour s'élancer dans les espaces infinis. Le lion qu'il a quelquefois sous les pieds symbolise la matière domptée. La fleur épanouie qu'il porte sur la tête symbolise la renaissance, la germination, l'épanouissement, l'entrée dans la vie éternelle.

59.— Saqqarah. Bronze H. 0.28.

Beau bronze représentant un dieu debout. Il
a pour tête la couleuvre. L'inscription le nomme
Ka. C'est le dieu de la matière. On se mépren-
drait extrêmement sur le sens de cette figure si
on croyait pouvoir en conclure que les Egyptiens
avaient déifié et adoré la matière. La matière est
ici considérée dans son essence cosmogonique.
Elle est indispensable à l'œuvre du créateur. De
ce que la matière existe, on ne peut conclure que
l'âme, l'esprit, n'existent pas. L'âme, l'esprit
existent, et à la volonté du créateur, ont pour un
temps plus ou moins long la matière pour logis.

Au point de vue de l'art, le bronze n° 59 mérite de fixer l'attention. Cette divinité à tête de
couleuvre, après tout, n'est pas un monstre.
Considéré dans son ensemble, notre bronze a
même un certain charme, une certaine harmonie
qui étonnent. Bien différentes sont les affreuses
figures de l'extrême Orient qui gardent l'entrée
de notre galerie égyptienne. L'art égyptien n'est
jamais arrivé à une pareille débauche de laideur.

60. — Saqqarah. Bronze. H. 0,40.

Dieu assis coiffé du disque lunaire. Il est un
peu maigre, mais caractérise assez bien, comme

œuvre d'art, les monuments de la XXVIe dynastie.

L'inscription gravée sur le socle le nomme *Osiris-Aah* (Aah signifie *Lune*). Le nom propre est déterminé par l'ibis, emblème de Thoth.

Osiris-Aah, en effet, participe de la nature de Thoth. Osiris personnifie le bien. Thoth, comme *serviteur des dieux*, comme *écrivain des divines paroles*, personnifie *la sagesse et la raison divines*. Osiris-Aah est donc une forme d'Osiris considérée à la fois comme le souverainement Bon et le souverainement Juste. Il est le Bien et le Vrai.

61. — Saqqarah. Bronze. H. 0,20.

Statuette représentant un personnage debout. C'est encore *Horus jeune*, en égyptien *Hor-pa-Khroti*, d'où les Grecs ont tiré leur *Harpocrate*.

Le dieu est nu ; il a tous les symboles de l'enfance : la tresse sur l'oreille et le doigt à la bouche, signe qu'on a pris à tort pour le signe de silence.

Nous rappellerons qu'Horus enfant ou Harpocrate est le soleil jeune, c'est-à-dire à l'horizon oriental. Le symbolisme de cette figure se laisse facilement pénétrer : les ténèbres sont vaincues, les animaux malfaisants sont dispersés. La statue d'Harpocrate apparaît comme un symbole de l'immortalité promise à l'âme quand elle aura satisfait à toutes les prescriptions du *Rituel*, et quand, semblable au soleil levant, elle s'élance du sein de la mort et de la nuit dans la clarté et la vie éternelles.

62. — SAQQARAH. Bronze. H. 0.25.

Déesse à tête de lionne ou de chatte. La déesse ainsi figurée tantôt s'appelle *Bast* et personnifie la chaleur qui vivifie, tantôt s'appelle *Sekhet*, et sous ce nom personnifie là chaleur qui dévore et qui tue. A Memphis, Sekhet est associée à Phtah comme la deuxième personne de la triade. Peut-être faut-il voir dans ce rapprochement un effet du rôle attribué au feu par les doctrines égyptiennes dans l'œuvre cosmogonique dont Phtah est l'instrument principal.

63.—SAQQARAH. Bronze H. 0,16.

Statuette représentant le dieu Phtah. Phtah est le Vulcain égyptien. Il est le démiurge, c'est-à-dire l'artisan du monde. C'est lui qui a suspendu dans le ciel le soleil, la lune et les étoiles. C'est lui aussi qui a rendu la matière féconde en y introduisant le germe qui l'oblige à se renouveler sans cesse.

64. — SAQQARAH. Bronze. H. 0,30.

Belle statuette représentant la déesse Hathor. Son nom signifiait l'*Habitation d'Horus*.

La place qu'occupe Hathor dans le panthéon égyptien est aujourd'hui bien définie. Hathor est aux Egyptiens ce qu'Aphrodite (Vénus) est aux Grecs ; elle est la déesse de la beauté. Mais les Egyptiens ont su retenir leur Hathor sur la pente où les Grecs ont laissé glisser leur Aphrodite. Pour les Grecs, Aphrodite est devenue la déesse de la beauté sensuelle. Hathor a su se conserver des autels plus purs, et si elle est la déesse de la beauté, si en cette qualité elle préside à l'évolution de l'année, si, dans tous les emblèmes qui l'entourent, apparaissent les idées de rajeunissement périodique, d'épanouissement, de grandeur, c'est qu'elle est, non la déesse de la beauté physique, mais la déesse de cette harmonie générale de la nature qui, en conservant partout la mesure, l'ordre et la proportion, entretient partout la vie.

65. — SAQQARAH. Bronze. H. 0,15.

Statuette très-rare. Elle représente une déesse à tête de vautour. On a lu longtemps son nom

Souvan. De meilleures transcriptions ont fait voir qu'il fallait le lire *Nekheb.*

Nekheb est la déesse du midi, en opposition avec *Ouadji* qui est la déesse du nord. Nekheb est aussi le solstice d'été, c'est-à-dire l'endroit où le soleil a pris naissance et où l'année a commencé.

Sous la forme du vautour, Nekheb tient souvent entre ses serres les deux grandes palmes de victoire (voyez la figure qui surmonte la porte d'entrée de notre Pavillon du Parc); on la voit également planer sur les champs de bataille et accompagner les rois victorieux. Le solstice d'été est en effet le jour du plus grand triomphe du soleil contre ses ennemis.

Nous avons groupé les neuf bronzes qui précèdent (56 à 64) dans un même ensemble parce qu'ils ont été découverts dans le même lieu et qu'ils appartiennent à la même époque. C'est en effet dans le sable du Sérapéum, où ils avaient été jetés en un seul tas, qu'ils ont été recueillis. Quant à la date à laquelle ils remontent, une égide à tête humaine découverte avec eux et portant les cartouches d'Amasis (XXVIe dynastie) la donne avec une suffisante exactitude. Nos bronzes ne sont ni postérieurs à l'an 527 av. J. C., ni antérieurs à l'an 569.

On sait que l'avénement de la XXVIe dynastie (vers 656 av. J. C.) a été le signal d'une véritable renaissance de l'art. L'art prend à ce mo-

ment des allures qu'on ne lui avait pas connues
jusqu'alors. Si distincts sont les caractères qui
l'annoncent, qu'on lui donne son nom et qu'on
l'appelle Art Saïte. L'Art Saïte se prolonge jusqu'à l'arrivée des Grecs en Egypte, et son influence est encore parfaitement reconnaissable
dans les monuments de Philadelphe (vers 285
av. J. C.).

Les neuf bronzes que nous venons de cataloguer appartiennent à l'Art Saïte. Ils sont,
comme toutes les œuvres de ce temps, remarquables par leur finesse. Les Egyptiens des époques antérieures recherchaient avant tout la
durée, et pour avoir la durée recherchaient
la masse et la force. Ici on vise plutôt à l'élé-
gance. Les hiéroglyphes surtout sont gravés
avec une légèreté de ciseau qu'aucune autre
époque n'a égalée.

66. — GRANDES PYRAMIDES.
Porcelaine émaillée. H. 0,06.

Groupe remarquable comme tout ce qui précède par le fini de son exécution. Les Egyptiens
ont élevé des colosses qui surprennent par leurs
dimensions et la vigueur parfois exagérée de
leurs formes. On voit par notre groupe qu'ils
ont su aussi modeler des figurines d'une exécu-

tion si minutieuse et si achevée qu'à peine fe-
rait-on mieux aujourd'hui.

Les monuments de ce genre sont invariablement trouvés avec les momies, et le symbolisme
s'en laisse facilement saisir. Isis et Nephthys
conduisent par la main le jeune Horus ou Harpocrate. Le jeune Horus, c'est le défunt lui-
même. Il a subi toutes les épreuves. Semblable
au soleil, qui se lève à l'horizon oriental vainqueur de la nuit, il entre dans la vie éternelle
sous l'escorte des deux sœurs d'Osiris. Toutes
les amulettes, tous les symboles, toutes les figurines que les Egyptiens déposaient en si grand
nombre auprès de leurs morts, ne sont, comme
celles-ci, que des promesses d'immortalité. Les
dieux accueillent et protègent l'âme de celui
qui aura vécu sur cette terre comme un juste.

67. — ABYDOS. Faïence émaillée. H. 0,08.

Tête humaine provenant d'une statue dé-
truite. C'est, avec l'Osiris couché de la vitrine A
(n° 19) et la tête royale de la vitrine B (n° 35),
l'art Saïte dans tout son épanouissement. Si on
compare à cette tête la tête de Chéphren (n° 1),
celle du nain (n° 2), celle du personnage de la
VIe dynastie (n° 13), on verra que l'art égyptien n'est pas, comme on l'a prétendu, l'art im-
mobile par excellence. Il a ses nuances, son

style propre à toutes les époques. Un note de
M. Soldi (*la Sculpture égyptienne*, p. 84),
ainsi conçue : « On nous assure que M. de Longpérier, à la seule inspection du travail et avant
le déchiffrement des hiéroglyphes, devinait la
date exacte des sculptures égyptiennes que lui
communiquait M. de Rougé », a étonné beaucoup de monde. C'est que la pratique des monuments avait enseigné à M. de Longpérier ce
que l'étude des objets de notre Galerie rend évident. Un monument égyptien du temps de
Thoutmès ne ressemble pas plus à un monument égyptien du temps des Pyramides ou du
temps des Psammétichus qu'une œuvre d'art du
temps de Louis XIV ne ressemble à une œuvre
d'art du premier Empire, et, à certains égards,
il n'est pas plus difficile d'écrire une histoire de
l'art égyptien qu'il n'est difficile d'écrire une
histoire de l'art grec.

68.—PROVENANCE INCONNUE. Longueur 0,33.

Rien de plus gracieux, de plus délicatement
travaillé que cette jeune femme nageant, la tête
relevée, les bras étendus devant elle. Les artistes égyptiens ont été rarement mieux inspirés.
Le profil est doux en même temps que sérieux ;
le nez est petit, la bouche grande, les yeux
grands et bien fendus. L'ensemble du monu-

ment rappelle la XVIIIᵉ dynastie. On remarquera le détail de la coiffure, qui est la coiffure des princesses sous la XVIIIᵉ dynastie et jusque sous la XXᵉ. La princesse qui sauva Moïse des eaux portait certainement cette coiffure.

Ce joli ustensile n'est qu'un manche de cuillère ou de boîte à parfum. La boîte a disparu. Elle avait la forme soit d'un godet ordinaire, soit d'un oiseau dont le corps était creux et dont les ailes, en s'ouvrant, servaient de couvercle.

69. — PROVENANCES DIVERSES. Or.

Nous réunissons sous le nº 69 une petite série de bijoux d'époque pharaonique. On remarquera principalement:

1. Une chaîne d'or. Au centre est suspendue une petite sphère taillée dans un fragment de cristal de roche. Rien ne recommanderait cet objet à l'attention si nous ne l'avions trouvé dans une tombe et avec une momie de la VIᵉ dynastie. La médiocrité du travail est rachetée par la prodigieuse antiquité à laquelle notre chaîne d'or appartient.

2. Un bracelet d'or massif très-pesant. Il provient de la momie de la reine Aah-Hotep, et fait partie de l'admirable collection de bijoux découverts dans le cercueil de cette reine (fin

de la XVIIe dynastie ou commencement de la XVIIIe).

3. Une douzaine de petites égides d'or massif ayant fait partie d'un ornement de poitrine trouvé à Abydos sur une momie de la XXe dynastie. Le travail de ces imperceptibles monuments est extrêmement fin. Les têtes sont traitées avec une délicatesse si grande, que quelques-unes d'elles ne perdent rien à être étudiées à la loupe.

4. Remarquons la collection de scarabées montés en bagues. Les Égyptiens voyaient dans le scarabée un symbole de germination, de renouvellement de l'être, de transformation. Placé avec la momie, il était un symbole d'immortalité et de vie éternelle. On n'oubliera pas que, dans les hiéroglyphes, le scarabée se prononce *kheper*, ce qui signifie *devenir, prendre forme,* et au passif, *être devenu, exister.*

70. — SAÏS (Basse-Égypte). Or.

Les bijoux que fournit cette nouvelle collection sont d'époque romaine, et ont été découverts ensemble dans un terrain dépendant du village moderne qui a succédé à l'ancienne Saïs. Comme les vases d'argent dont nous allons parler, ils avaient été sans doute enfouis pendant des troubles, à l'endroit où le hasard les a fait retrouver. Les principaux sont :

1º Cinq bracelets en forme de serpent roulé sur lui-même. Les têtes sont ciselées et quelquefois surmontées d'une émeraude.

2º Une sorte de diadème coupé en forme d'ovale dans une feuille d'or. Une chaînette, également d'or, relie les deux extrémités. Au centre du bandeau est une tête de Gorgone.

3º Deux disques à jour et ciselés sont reliés par quatre chaînes d'or. Deux de ces chaînes sont fixes; les deux autres tiennent aux disques par une simple agrafe.

4º Un autre ornement de même travail et de même composition. Il ne se distingue des premiers que par des têtes de Gorgone, dont les deux disques sont ornés.

71. — THMUÏS (Basse-Égypte). Argent.

Cinq très-beaux vases d'argent massif Le hasard les a fait découvrir à *Thmuïs*. A une époque inconnue, peut-être en un jour de troubles, comme nous l'avons dit tout à l'heure, on les avait cachés sous terre. Une petite cellule, formée de dalles de calcaire assez soigneusement ajustées, avait été ménagée dans le sol. C'est là où un coup de pioche heureux les a fait retrouver.

Les murailles de quelques temples nous font voir la représentation des vases de toute forme

et de toute matière qui composaient une partie
de ce qu'on appelle le trésor de l'édifice sacré.
Nul doute que nos cinq vases n'aient fait partie du trésor de l'un des temples de la ville
(*Thmuïs*) dans les ruines de laquelle ils ont
été découverts. L'époque à laquelle ils appartiennent est difficile à déterminer. Ils sont trop
beaux pour être du temps des Ptolémées, trop
chargés d'ornements pour être de la grande
époque des Thoutmès (XVIIIe dynastie). Peut-
être, comme les bronzes que nous venons de décrire, sont-ils un produit de cet art élégant et
toujours distingué qu'on appelle art Saïte.

72. — THÈBES. Bois. H. O. 12.

Les Égyptiens ont toujours passé pour excel-
ler dans la représentation figurée des animaux.
L'admirable petit modèle que nous avons sous
les yeux en est une nouvelle preuve. Une gazelle est nonchalamment couchée sur le flanc,
regardant de côté. La tête et le dos servent de
couvercle. Notre gazelle n'est, en effet, qu'une
boîte destinée sans doute à contenir des parfums.

73. — DRAH-ABOU'L-NEGGAH (Thèbes).
Faïence émaillée. H. O. 12.

L'hippopotame marchant que nous montrons au visiteur de notre Exposition prend place ici à cause du magnifique émail bleu dont il est recouvert. On a peint naïvement sur son corps les roseaux au milieu desquels s'avance le monstrueux animal. Ce monument a été trouvé à Thèbes, aux pieds d'une momie de la XIe dynastie.

Les tombes de toutes les époques nous mettent souvent entre les mains une figure de déesse monstrueuse. Cette déesse a la tête et le corps de l'hippopotame, les pattes et les griffes de la lionne. C'est sous cette forme que les Égyptiens ont représenté la Thouëris dont Plutarque fait la concubine de Typhon.

Mais l'hippopotame marchant n'a rien à faire avec Thouëris. L'hippopotame est ici un animal typhonien. C'est un de ces monstres qu'à l'exemple d'Horus, le défunt doit combattre et terrasser pour mériter d'entrer dans le séjour éternel. Aussi, les figurines qui le représentent (quand elles n'ont point été dérangées de leur place), se trouvent-elles toujours sous les pieds de la momie. C'est exactement la phrase du psalmiste : « *Ponam inimicos tuos scabellum pedum tuorum* ».

74. — ABYDOS. Calcaire. H. 0,12.

Par exception, la religion n'a rien à réclamer dans cette petite composition, qui est un véritable « tableau de genre. » Une femme tient au bout d'une longe un singe qu'elle excite à aller chercher au sommet d'un dattier voisin quelques fruits de l'arbre précieux.

75. — ABYDOS. Faïence émaillée. H. 0,20.

Nous entamons la série des monumeuts funéraires. Rien de plus fréquent dans les collections égyptiennes que les figurines du genre de celle que nous cataloguons sous le nom du n° 75. A côté d'une seule momie, il n'est pas rare d'en rencontrer des centaines, soit qu'on en ait parsemé le sol de la chambre mortuaire, soit qu'on les ait disposées dans des boîtes affectées à cet usage. Les inscriptions les nomment des *Schabti*, du verbe *Ouscheb* (répondre).

Dans le *Nuter-kher*, nom mystique du monde souterrain, existent de vastes champs, entrecoupés de fleuves et de canaux, que le défunt doit cultiver ; c'est une épreuve imposée à l'âme avant son entrée dans la lumière éternelle.

Les *Schab-ti* sont des aides donnés au défunt pour l'accomplissement de sa tâche. Ils doivent, moyennant certaines formules que le défunt prononce, répondre à son appel. « Si on m'appelle pour travailler dans le *Nuter-kher*, dit le *Schab-ti*, c'est moi, me voici... je suis celui que tu appelles pour ces travaux..., » et alors le *Schab-ti*, à l'aide des ustensiles qu'il porte sur lui, laboure la terre avec le défunt et y jette le grain de blé d'où, sous l'effort caché de la nature, vont sortir la nourriture et la vie.

On remarquera d'ailleurs la profondeur de ce symbole. Tous les ans à l'époque de la mort et de la résurrection d'Osiris, on célébrait dans les temples une fête pendant laquelle on confiait à la terre quelques grains de blé. Le grain de blé en apparence inerte qu'on dépose dans la terre, c'est Osiris dans le tombeau ; le grain qui germe et qui produit l'épi d'où vont sortir le pain et la nourriture des hommes, voilà le dieu qui revient à la vie pour combler la terre de ses bienfaits. C'est à cet ordre d'idées que se rapporte le *Schab-ti*. Le défunt est à son tour semblable à Osiris, son type et son sauveur. Tout dans la nature vit pour mourir, et meurt pour revivre. « Là où tout finit, tout commence éternellement, » dit *Hermès-Trismégiste*. Avec l'aide des *Schab-ti*, le défunt aura bien fait sa moisson ; il revivra, comme Osiris, et sa mort lui aura donné l'immortalité.

La statuette n° 75 est le plus excellent type que nous ayons et que peut-être on connaisse des *Schab-ti*. Tous les détails de la statuette sont gravés en creux et remplis de pâte de diverses couleurs qui se sont vitrifiées à la cuisson: le fond lui-même est une pâte vitrifiée. Le ton général de la statuette est d'un beau blanc laiteux. Le bleu turquoise est la couleur donnée au visage et aux mains. La coiffure est jaune, rayée de lignes violettes. C'est aussi le violet qu'on a employé pour les hiéroglyphes et quelques autres détails, comme le vautour qui étend ses ailes sur la poitrine. Rien de plus satisfaisant et de plus agréable à l'œil que cet ensemble. Le défunt que la statuette représente s'appelait *Phtah-mès* ; il était prophète d'Ammon à Abydos et vivait selon toute vraisemblance sous Séti Ier, conjecture qu'autorise le style large du monument si semblable aux magnifiques sculptures du grand temple de la ville où notre *Phtah-mès* a été enterré.

76. — PROVENANCE INCONNUE. Calcaire fin. H. 0,24.

Une longue habitude des monuments égyptiens peut seule faire discerner les différences de style

qui séparent cette deuxième statuette funéraire
de celle que nous venons de faire connaître. Les
traits de la face sont à peu près les mêmes ; l'ensemble est trapu comme dans les monuments de
ce genre. Les hiéroglyphes seuls ont de part et
d'autre un caractère tranché qui ne permet pas
de confondre les époques. Le temple de Séti, à
Abydos, l'hypogée du même roi à Bab-el-Molouk,
le temple de Gournah, donnent la date de la statuette n° 75 ; le temple de Karnak, dans celle de
ses parties qui remonte à Thoutmès III, surtout
les belles stèles du même règne au Musée de
Boulaq, ne permettent pas d'hésiter sur l'époque
de la statuette n° 76. La légende qui couvre le
devant du monument a été évidemment gravée
par un artiste contemporain de *Thoutmès*.

Le défunt s'appelait *Amen-ker*. La statuette,
dit l'inscription, a été exécutée par les ordres
du roi, pour être déposée dans le tombeau. Cet
usage n'est pas sans exemple. Pour des motifs
divers, il arrivait quelquefois que le roi se char-
geait des frais, qui devaient être considérables, de
l'embaumement et des funérailles d'un de ses
sujets : Amen-mès, pour quelque service rendu,
aura mérité cette faveur.

77. — SAQQARAH. Albâtre. H. 0,21.

Statuette funéraire d'un autre type. Le nom

propre n'a pas été gravé. L'âme, sous la forme
d'un épervier à tête humaine, est placée sur la
poitrine du défunt, attendant la résurrection.

78. — GRANDES-PYRAMIDES. Faïence
bleue. H. 0,20.

Excellent modèle de statuettes funéraires de
l'époque des Saïtes. On admirera la finesse de la
figure. Le défunt tient entre les mains les instruments de labour. Le sac des semences est
suspendu à son épaule gauche. Il s'appelait
Ahmès, comme le roi Amasis, dont il est peut-
être le contemporain.

La mode des statuettes funéraires n'a pas été
aussi générale que le nombre considérable de ces
monuments recueillis dans les nécropoles pourrait le faire croire.

L'Ancien-Empire semble ne les avoir pas
connues. Encore rares sous la XII[e] et la XIII[c]
dynasties, elles commencent sous la XVIII[e] à se
montrer assez fréquemment dans les tombes. La
matière employée est le granit, l'albâtre, le bois,
surtout le calcaire ; la faïence émaillée n'est pas
encore employée. Jusqu'à ce moment, la mode
de mettre entre les mains des personnages les
deux houes et le sac à semences n'est pas venue.
Les mains sont vides, et si l'on s'en rapporte aux
statuettes recueillies à Bab-el-Molouk dans la

tombe d'Aménophis III, elles peuvent quelquefois tenir le *Tat* et la croix ansée.

Sous la XIXe et la XXe dynasties le calcaire, le granit, l'albâtre, la serpentine, le bois, sont employés. Mais on commence à faire des statuettes de faïence émaillée, ce qui opère une révolution dans la fabrication de ces petits monuments. Les statuettes sont à ce moment plus ou moins multicolores, les détails sont indiqués, non par le moyen de la gravure, mais par le moyen de lignes noires assez grossièrement tracées.

La grande époque des statuettes funéraires finit avec la XXIe dynastie. On trouve encore sous la XXIe dynastie des statuettes de bel émail bleu au nom de reines et de princesses de cette famille royale. Mais, à partir de ce temps, un vide subit se produit, et ce n'est qu'à l'époque de la renaissance et de l'espèce de retour vers le passé dont la XXVIe dynastie donne le signal que les statuettes funéraires reparaissent.

Les statuettes funéraires sont alors presque toujours en faïence émaillée de couleur tendre, rarement en bois, presque jamais en pierre. L'émail de diverses couleurs, les détails indiqués par des lignes noires gauchement tracées, ne se montrent plus. Ces statuettes sont des pieds à la tête d'une même couleur. Les détails sont marqués, non plus par des traits en noir, mais par des lignes en creux. En d'autres termes tout est gravé.

79. — SAQQARAH. Serpentine. H. 0,22.

Ce type est propre à la XIXe dynastie et rappelle par sa forme les sarcophages de ce temps.
Le défunt est représenté en costume civil. Il a
la longue chemise bouffante aux manches et
relevée par devant en tablier rectangulaire. Ses
pieds sont chaussés de longues sandales, les
inscriptions prouvent que nous avons affaire ici
à un *Schab-ti*. Mais c'est la statue du défunt, ou
le défunt lui-même que nous avons sous les
yeux.

80-83. — SAQQARAH. Bois H. moy. ; 0,15.

Ces quatre jolies statuettes représentent des
habitants de Memphis à l'époque de Ramsès.
Ce sont encore des statuettes funéraires, mais
qui ont l'avantage de nous montrer le défunt
dans le costume qu'il portait de son vivant.
Comme sur les statuettes précédentes, la tête
est rasée, la chemise est flottante. Ainsi devaient sans doute circuler dans les rues de
Memphis les contemporains de Moïse.

84. — Provenance inconnue.
Faïence émaillée. Diam. 0,18.

On comparera ce beau vase à la statuette funéraire décrite sous le n° 75. C'est le même procédé d'exécution. Le vase est gris et porte, autour du goulot et sur la panse, des ornements et des légendes en émaux de plusieurs couleurs. Ces légendes sont celles d'Aménophis III et de sa femme, la reine Taïa (XVIIIe dynastie). Peut-être comme les vases de Thmuïs (ci-dessus le n° 71) le vase d'Aménophis III a-t-il fait partie du trésor d'un temple.

85. — Provenance inconnue.
Pâte verte. H. 0,06.

Le scarabée qui porte le n° 85 n'est pas un des monuments les moins remarquables de la collection conservée dans la vitrine B. On admirera le fini de l'exécution. Néchao (XXVIe dyn.) y est représenté en roi guerrier. Debout entre Isis et Neith, il reçoit de l'une la masse d'armes, de l'autre une petite image de Mentou-Ra, le dieu des combats. Deux prisonniers enchaînés sont couchés par terre au bas du monument.

86.—Mytrahyneh. (Memphis). Faïence verte
et bleue. H. 0,06.

On admirera la vivacité des couleurs et le
fini du modelé de cette jolie tête, qui semble re-
présenter le Néchao précédent.

87. — Abydos. Faïence bleue. H. 0,30.

Statuette recouverte d'un bel émail. Les détails de la coiffure, les yeux, les mains, les hiéroglyphes, sont indiqués au moyen de lignes
noires très-accentuées. Cette statuette est un
excellent type des statuettes de la XXe dynastie
dont nous avons parlé autre part (n° 78).

La statuette n° 87 se recommande par un
autre point à l'attention du visiteur. Elle représente en effet un roi (le Ramsès IV de la
XXe dynastie). Elle a été trouvée à Abydos,
au fond d'un vase qui a été lui-même découvert dans le sable de la nécropole de cette
ville.

7

88. — SAN (Tanis). Bronze. H. moy. 0,03.

Nous avons trouvé dans les ruines du grand
temple de Sân une quinzaine de cubes de bronze.
Des inscriptions ornent tantôt les quatre faces,
tantôt deux faces seulement de chacun de ces
cubes. Gravées d'abord en creux dans le bronze
au moyen d'un burin très vif, elles ont été ren-
dues plus apparentes par l'introduction dans
ces creux de plaquettes d'argent qui s'y adap-
tent. C'est une sorte de damasquinage qui mérite d'être étudié.

La destination de ces cubes est difficile à déterminer. On les prend généralement, soit pour
des gonds de petite porte, soit pour des pièces
d'armature de quelque meuble sacré, en usage
dans les temples. Mais on s'explique mal alors
pourquoi, dans le plus grand nombre de cas, les
cubes sont ornés d'inscriptions sur leurs quatre
faces.

L'époque est incertaine. Quelques indices
sembleraient cependant faire penser que l'objet,
quel qu'il soit, à l'ornementation duquel nos
cubes ont concouru, appartenait à la XIIIᵉ dynastie.

89. — DRAH-ABOU'L-NEGGAH (Thèbes).
Bois. H. 0,08

Petite tortue. Les trous pratiqués sur son dos servaient à ficher des épingles de toilette en bois terminées par des têtes de chien. Cet ustensile a été trouvé dans une tombe de la XIe dynastie.

VITRINE D.

Nous exposons dans la vitrine D des objets divers qui intéressent principalement l'histoire du travail. On y ajoute quelques stèles de bois, des vases de bronze, des armes.

90. — SAQQARAH. Bois. H. 0,30.

Cet ustensile est un marteau en bois à l'usage des tailleurs de pierre. Il a été trouvé dans l'intérieur de la maçonnerie de cette gigantesque construction, rivale des Pyramides, qu'on appelle Mastabat-el-Fâraoun. Notre marteau serait par conséquent contemporain du roi *Ounas* (Ve dynastie) pour la sépulture duquel le Mastabat-el-Fâraoun a été construit.

91-92. — ABYDOS. Bois. H. 0,30.

Deux autres marteaux semblables, mais sans date certaine.

93. — SAQQARAH. Bois. H. 0,25.

Un niveau de maçon, si semblable à ceux dont on se sert encore, qu'on le croirait fabriqué de nos jours. Il provient d'une tombe de la XIXe dynastie, et on peut ainsi le regarder comme à peu près contemporain de Moïse.

94 à 96. — THÈBES. Bois.

Trois houes à piocher la terre. Le travail en est très-primitif, et le sol extrêmement léger et friable de l'Egypte pouvait seul permettre l'usage de pareils instruments.

97-98. —THÈBES. Bois. H. 0,20.

On trouve souvent dans les tombeaux des chevets de la forme que nous décrivons ici. Ils sont alors le symbole de la quiétude éternelle promise au défunt.

Nul doute cependant que les Egyptiens ne se

soient servis dans la vie civile de ces chevets en guise d'oreillers. Ainsi font encore aujourd'hui les habitants de l'Abyssinie et de beaucoup d'autres contrées de l'Afrique centrale.

Ils sont alors quelquefois ornés de figures gravées du dieu *Bès*. Bès est, comme on le sait, le dieu de la joie, du bonheur, de la danse, de la toilette. En plaçant sous leur tête l'image du dieu Bès, les Egyptiens cherchaient à évoquer pendant leur sommeil des songes heureux.

99. — Thèbes. Bois. H. 0,20.

Nous n'introduirions pas ce tabouret ici s'il n'avait été trouvé dans un tombeau de la XIe dynastie, et s'il n'était pas ainsi d'une antiquité tellement reculée qu'on peut le croire antérieur à tout ce qui existe de plus ancien chez les autres peuples.

100. — Thèbes. Bois. H. moy. 0,25.

Sous ce n° unique, nous classons des pieds de tabouret de toutes les époques et tous travaillés en forme de jambes de quadrupèdes. Le travail en est remarquable, en ce qu'il présente toutes les qualités et tous les défauts des produits du travail égyptien. Ils appartiennent à diverses époques.

101. — DRAH-ABOU'L-NEGGAH (Thèbes).
Bois. H. 0,09.

Un joli petit modèle de coffret en bois de deux couleurs. Trouvé dans une tombe de la XIᵉ dynastie.

102. — DRAH-ABOU'L-NEGGAH (Thèbes).
Bois et ivoire, H. 0,10

Différents petits modèles de panneaux de bois et d'ivoire pour montrer le travail des menuisiers égyptiens à une époque aussi reculée que la XIᵉ dynastie.

103. — DRAH-ABOU'L-NEGGAH.
(Thèbes). Bois.

On trouve sur les grandes scènes de bataille qui couvrent les monuments de la Haute-Egypte assez de renseignements pour dresser la liste et reconstituer le dessin des armes offensives et défensives dont on faisait usage dans les armées égyptiennes.

Les fouilles n'ont malheureusement livré en nature qu'un bien petit nombre de ces armes, et en ce qui regarde le Musée de Boulaq, nous n'avons guère à cataloguer que les suivantes :

1º Des arcs, d'environ 1ᵐ 80 de longueur ;

2º Des flèches. Les flèches sont en roseaux. Celles que nous possédons remontent toutes à la XIᵉ dynastie. Les pointes conservées sont toujours formées par un petit éclat de silex très-tranchant ;

3º Des poignards. La lame est de bronze, le manche est de bois.

4º Des hâches. Le tranchant est de bronze, le manche est de bois. Le tranchant adhère au manche par un système de courroies entre-croisées. À voir le peu de solidité de ces armes, on se demande si les hâches que nous avons trouvées ne sont pas plutôt des hâches symboliques (on sait que la hâche, dans les hiéroglyphes, sert à écrire le mot *Nuter*, qui signifie *Dieu*.

5º Des sabres. Ils sont invariablement en bois très-résistant et recourbés. Ils se terminent par un gros bout presque carré dont le poids devait servir à tenir l'arme bien en main. Notre Vitrine D possède un de ces sabres (longueur 1, 30) qui a eu l'honneur d'appartenir au *prince Touaou, le serviteur de son maître dans ses expéditions,* lequel était le fils d'un roi *Tu-aa,* souverain très-obscur de la XVIIᵉ dynastie. Cette arme peu redoutable a été découverte avec la momie du prince dans un hypogée de celle des nécropoles de Thèbes qu'on appelle *Drah-abou'l-neggah.*

6° Nous ajouterons à cette série une sorte de masse d'armes tout en bois. Le manche est court. La boule qui le termine est en forme de poire. On voit quelquefois cette arme (si c'en est une) dans la main des Pharaons vainqueurs. Les soldats ne la portent jamais.

104.—DRAH-ABOU'L-NEGGAH. (Thèbes). Bois.

Armes de chasse et de pêche. On connaît le bâton courbé, très-lourd au bout, analogue au *Boumerang* des *Australiens*. Ce bâton est une arme de jet. Lancé avec force, il part en tournoyant et s'il traverse une volée d'oiseaux aquatiques au moment de leur premier vol, il est certain qu'il doit faire de nombreuses victimes. Les peintures des tombeaux de l'Ancien-Empire nous montrent souvent le défunt chassant aux marais avec cette arme. Il tient de la main gauche trois ou quatre oiseaux qui sont des *appelants*. Il s'apprête à jeter de la main droite le *Boumerang* sur les oiseaux trop confiants qui viennent à l'appel des captifs.

105. — ABYDOS. Bois. Long. 0, 43.

Un affaissement du sol a disloqué une partie des murailles du grand Temple de Séti 1er à

Abydos, et en introduisant le bras dans les fissures, on touche de la main des morceaux de bois dans lesquels on reconnaît les queues d'aronde au moyen desquelles les constructeurs de l'édifice ont relié les blocs les uns aux autres.

Le morceau de bois que nous cataloguons ici est une queue d'aronde recueillie dans l'épaisseur des murailles du Temple d'Abydos. Les cartouches du fondateur du Temple y sont gravés.

VITRINE E.

Les Égyptiens, qui n'avaient pas la ressource de notre papier toujours si abondant et si facile à mettre en usage écrivaient sur des morceaux de bois, sur des éclats de poterie, sur du linge, surtout sur du papyrus.

Le papyrus *(Cyperus papyrus)* est une plante. On détachait de la tige les membranes concentriques qui enveloppent la moelle; sur une première couche de ces membranes on en appliquait une seconde en travers, et l'on avait ainsi ce que nous appellerons une feuille. Puis on collait latéralement l'une à l'autre autant de ces feuilles qu'on voulait, et on formait un rouleau *(scapus)* sur lequel on écrivait. Un livre égyptien se présente ainsi sous l'apparence d'un de ces rouleaux de papier que nous connaissons tous.

Voulait-on le lire, on le déroulait devant soi à mesure qu'on avançait dans sa lecture. Tous les personnages assis par terre, dont nous allons cataloguer tout à l'heure les statues, sont simplement dans l'action de lire le papyrus qu'ils ont été étalé sur leurs genoux.

On peut suivre le travail de la fabrication du papyrus sur le livre dont nous exposons quelques pages dans notre vitrine E. Quand il a été trouvé, ce livre était intact, et, selon la règle était enroulé sur lui-même. C'est pour en rendre le maniement plus commode et la conservation plus certaine, qu'il a été découpé en feuilles, lesquelles, selon l'usage suivi dans tous les musées, ont été collées ensuite sur du carton. Ainsi préparé, le papyrus est inaltérable, et peut être facilement consulté par les savants.

De tous les écrits sur papyrus que les ruines des monuments égyptiens mettent souvent entre les mains des fouilleurs, il n'en est pas de plus fréquents que celui auquel on a donné le nom de *Rituel*. Le *Rituel* est aussi appelé le *Livre des morts*. C'était un recueil de prières et de formules à l'usage du défunt dans l'autre monde. Chaque momie devait en porter un exemplaire. Le papyrus exposé dans notre vitrine E n'est qu'un Rituel.

Le Rituel de la vitrine E n'est cependant pas, comme les très-nombreux livres de ce genre qui sont conservés dans les musées, banal et dépourvu d'intérêt. Il a été écrit pour une reine de la XXIᵉ dynastie qui s'appelait *Hathor-Taou Hent-ta-ui*, et qui ne fut que de peu d'années antérieure à Salomon.

La reine a le soin d'énumérer tout au long ses titres. Elle était : « la grande favorite d'Ammon dans Thèbes, fille de roi, épouse de roi, mère de roi, mère du premier prophète d'Ammon, mère de la divine adoratrice d'Ammon, mère de l'épouse principale du roi, prophétesse de Mout dans la contrée *Ascher*, majordome du temple de Khons en Thébaïde, bon protecteur, prêtresse d'Anhour, fils du Soleil, de Mout, de Khons-pé-Khrouti, la principale et la première épouse de Sa Majesté ». Sa mère était la reine *Tent-Amen*.

Ce n'est évidemment pas la place de traiter ici les problèmes historiques, en apparence très-compliqués, que soulève cette liste pompeuse de titres. La reine nomme avec soin sa mère. Mais elle se dit fille de roi, épouse de roi, mère de roi, sans nous citer les noms, pourtant très-intéressants à connaître, des rois dont elle fut la fille, la femme et la mère. Bien plus, elle se dit mère de roi, et tout aussitôt elle nomme un fils « premier prophète d'Ammon, » qui ne l'était pas.

C'est la date du papyrus qui pourra peut-être servir un jour à trouver la clé de ces énigmes. La XXIᵉ dynastie est double. Il y eut à ce mo-

ment deux familles régnantes, l'une qui est la
famille légitime des Ramsès et dont on trouve
des traces nombreuses tout au nord de l'Egypte
(à Tanis), l'autre qui est la dynastie usurpatrice
et qui eut Thèbes pour capitale. Notre reine
a vécu à Thèbes. Mais son père, son mari, celui
de ses fils qui fut roi, vécurent et régnèrent à
Tanis. Quant à celui de ses fils qui fut « premier
prophète d'Ammon, » il était sans aucun doute
membre de ce corps puissant des prêtres d'Ammon qui occupa à Thèbes le premier rang et qui
finit par détrôner les héritiers légitimes des
Ramsès réfugiés à Tanis.

Notre papyrus appartient ainsi à l'histoire. Il
en est une des pages, sinon les plus lumineuses,
au moins les plus intéressantes. Quelques années
plus tard, Salomon épousera une des filles de
ces Ramsès relégués dans la Basse-Egypte par
la toute-puissance des grands prêtres d'Ammon
à Thèbes.

VITRINE F.

Elle contient des objets divers qui n'ont pas
trouvé place autre part.

Le beau collier du milieu est une exposition
particulière. La monture est moderne, et quel-

que soignée et élégante qu'elle soit, nous n'avons pas à nous en occuper ici. Quant aux scarabées, on peut les regarder tous comme des objets précieux, et, chose rare pour une collection qui provient d'achats faits en Egypte et particulièrement à Thèbes, ils sont de la plus absolue authenticité.

Au-dessus du collier est une boîte travaillée en bois de deux couleurs. Elle se présente sous la forme extérieure d'une oie qui retourne la tête en arrière. Les aîles, en s'écartant, laissent voir le creux de la boîte. XIe dynastie.

La collection des gros scarabées est précieuse. Ils sont tous en pierre dure : on remarquera particulièrement les scarabées en lapis-lazuli, en feldspath vert (monument d'une incroyable finesse de travail), en serpentine. Les gros scarabées sont trouvés dans l'intérieur des momies, à la place du cœur. On sait que, dans les idées égyptiennes, le scarabée est le symbole de la vie éternelle ; on sait encore qu'au moment de la résurrection, c'est le cœur qui, le premier, recevra le souffle vital ; c'est par le cœur que la momie revivra d'abord. De là le scarabée à la place qu'occuperait le cœur ; de là aussi ce cœur en serpentine de notre collection (voyez le bas de la vitrine) sur lequel un cœur est gravé.

La même vitrine nous montre quelques autres scarabées choisis, ceux-ci de dimensions ordinaires. Les petits scarabées ne se trouvent pas, comme les gros, dans l'intérieur des momies, mais généralement au petit doigt de la main gauche auquel ils sont passés comme une bague. Ici encore le scarabée est un symbole de résur- rection, une promesse d'immortalité au défunt.

Les bagues en faïence découpée n'étaient certes pas destinées à être portées. On semble- rait autorisé par un assez grand nombre d'exem- ples à croire qu'elles s'échangeaient entre pa- rents ou amis comme des souhaits de bonne nouvelle année. La nouvelle année coïncidait avec le solstice d'été, avec la crue du Nil, avec tout ce qui annonce la renaissance de la nature, le retour de la végétation et de la vie. Aussi nos bagues portent-elles souvent comme motifs de décoration, soit le scarabée qui s'envole, soit les fleurs qui s'épanouissent, soit même l'Har- pocrate enfant assis dans un calice de lotus.

En haut et à droite de la vitrine est ce qu'on appelle une étiquette de momie. Ces étiquettes s'attachaient par une cordelette aux momies à une époque où il n'est pas de mode de couvrir les corps humains d'inscriptions et de rensei- nements de toute sorte ; elles servaient à les reconnaître. Le plus souvent les étiquettes de momies sont en bois. Par exception, celle-ci est en faïence émaillée. D'un côté, est le nom du personnage auquel l'étiquette était destinée ; il s'appelait *Sôter* en grec, *Saoua* en égyptien. De l'autre côté est représenté l'embaumement du mort par Anubis; Isis et Nephthys sont présentes à la scène. Le nom de Sôter indique que ce curieux monument ne peut pas être placé plus haut que le commencement de la dynastie des Lagides ; il appartiendrait à une époque beaucoup plus basse, si l'on s'en rapportait à la grossièreté de l'exécution.

VITRINE G.

Collection de silex taillés de main d'homme, recueillis en Égypte.

On a été longtemps sans savoir que l'Égypte possédait, comme d'autres pays, ce qu'on appelle des ateliers de silex. La première révélation de ce fait important appartient à M. E. Hamy et à M. F. Lenormant.

Mais il n'est pas certain que tous les ateliers de silex découverts en Égypte remontent jusqu'aux temps préhistoriques. L'exposition de la vitrine G semblerait, pour certains cas, prouver le contraire.

En effet, quelques silex, qui ne diffèrent en rien des autres, ont été trouvés dans l'intérieur des tombeaux avec les momies. Ils ne sont donc pas préhistoriques.

Il en est aussi qui ont été trouvés en plein air et mélangés à d'autres silex constituant un atelier. Mais l'atelier est parsemé soit de cailloux percés d'un trou, comme ceux qu'on recueille en si grand nombre au cou de certaines momies des basses époques, soit de coquillages également percés et destinés à usage de colliers, soit même (fait considérable à noter) d'imitations de coquillages en faïence émaillée, imitations que les Égyptiens ont pu seulement faire à une époque historique.

Rien ne prouve donc que l'Égypte n'ait pas eu, elle aussi, son âge de pierre. Mais on n'en remarquera pas moins qu'aux époques historiques elle faisait usage de silex taillés, que rien, en apparence, ne distingue des silex attribués à des temps plus anciens.

La vitrine G a pour but de poser dans ses véritables termes ce problème important.

VITRINE H.

Comme la plupart des questions qui se rapportent à l'antiquité égyptienne, la question des poids est obscure et incertaine. La véritable solution, celle qu'on pourrait admettre comme définitive, est encore à trouver.

Nous réunissons ici une inappréciable collection de poids dont l'importance n'échappera à personne. Un pareil nombre de documents ne peut qu'apporter à le solution du problème le plus précieux des éclaircissements.

Malheureusement, nous ne savons pas toujours d'où ces poids proviennent; nous ne savons pas non plus à quelle époque on doit les attribuer. Or, les poids égyptiens ont pu varier selon les temps et selon les localités.

De là des différences qui nous étonnent dans les résultats produits par les pesées. L'*outen*, valant soit 91 grammes, soit 94 ou même 96, et divisé en 10 kats, serait l'unité pondérale supérieure. Mais quelle confiance accorder soit aux multiples de l'*outen*, soit aux divisions par 1/2, 1/3, 1/6 et 1/10.

Ce n'est pas le lieu de discuter ces questions. Les éléments du problème sont réunis dans la vitrine H. Le visiteur sérieux en tirera le parti qu'il jugera convenable.

VITRINE I.

Autre problème dont les éléments sont réunis sous les yeux du visiteur. Les Égyptiens ont taillé les matières les plus dures et les plus rebelles, tantôt avec une force et une puissance qui étonnent, tantôt avec une finesse qu'on ne se lasse pas d'admirer. Ceux qui élevaient à Thèbes les monstrueux colosses d'Amé-

ophis III sont les mêmes qui taillaient dans le
ranit ces admirables sarcophages où chaque
iéroglyphe devient un sujet traité à part
:lon les procédés de la glyptique, c'est-à-dire
: la gravure sur pierre fine.

Et cependant il est certain que, si les Égyp-
ens ont connu le fer, ils ne l'ont point employé
our la fabrication de leurs outils.

Là vitrine I en fournit la preuve. On trouve,
a effet, dans la vitrine I des outils de toutes
ortes, hachettes, ciseaux, couteaux, qui sont
variablement en bronze. Le fer, et encore
toins l'acier, n'y existent pas.

Au bas de la vitrine, sont exposés quelques
ameçons, également de bronze. Leur forme est
elle que nous donnons aujourd'hui à ces engins.

VITRINE J.

Produits divers de l'industrie égyptienne.
n y remarque un fragment de collier de
tomie en or et un autre fragment de collier de
tomie en argent. Rien de plus remarquable et de
lus délicat que ce travail. A proprement parler,
ous n'avons pas affaire ici à des émaux cloi-
onnés. Les cloisons (d'or ou d'argent) exis-
ent; seulement l'émail est remplacé par des
écoupures faites dans des pierres dures diverses,

cornalines, lapis-lazuli, turquoises. Au point de vue de l'art, l'ensemble est aussi satisfaisant que possible.

Les fragments de toutes couleurs où les cartouches de Ramsès III alternent avec des fleurs de papyrus épanouies, sont d'un travail tout différent. Il n'y a pas ici d'émaux cloisonnés, et le procédé nous est déjà connu. Sur des surfaces planes de faïence, des pâtes de diverses couleurs vitrifiées par la cuisson, ont été étendues selon un dessin convenu d'avance. On couvrait ainsi, sur plusieurs mètres de hauteur, des parois antérieures de certaines chambres de palais.

A gauche, sont des fragments de ce magnifique bleu qui semble jusqu'ici avoir été le secret des Egyptiens.

Une cuiller en forme de cartouche, des pieds de petits meubles, travaillés par des ébénistes d'une incomparable habileté ; une autre cuiller dont le manche nous {montre une femme circulant sur une barque à travers des roseaux, sont des monuments qui ne dépareraient pas les plus jolies collections égyptiennes.

Les trois miroirs qui occupent le haut de la vitrine ne sont pas, comme on pourrait le croire, des ustensiles de toilette. Selon les prescriptions du Rituel, un miroir devait être déposé à côté de chaque momie, où il figure alors comme symbole de pureté. Il a cet éclat, cette transparence que le moindre souffle ternit. Le corps matériel, et son âme insaisissable et immatérielle y sont en présence. Rien entre le corps et l'âme, ne doit rendre l'une invisible et inaccessible à l'autre.

La poignée de deux de nos miroirs nous montre des emblèmes en rapport avec les mêmes idées. Bès, qui forme le sujet principal de l'une de ces poignées, est le dieu de la joie, de l'entrée dans la vie, de la résurrection, du triomphe du bien sur le mal. La tête d'Hathor (visage de femme ou tête de vache) rappelle la germination, la renaissance, l'harmonie de la nature, tout ce qui fait qu'en ce monde la vie succède à la mort, et la mort à la vie.

VITRINE K.

En haut de la vitrine sont des tablettes en calcaire au centre desquelles apparaissent, gravées en creux profond, des figures d'oiseau *Vennou*, symétriquement renversées. Elles paraissent former un moule.

Plus bas, d'autres moules en terre cuite sont rangés. Il ne s'agit plus ici d'oiseau *Vennou*, mais de figurines, d'offrandes, de symboles de toutes sortes.

Notons que tous ces objets sont recueillis dans l'intérieur des tombeaux, et à côté des momies.

Ainsi est résolue la question d'origine. Origi-

nairement ces moules ne servaient pas à multi-
plier et à reproduire telle ou telle figure. On les
déposait à côté des morts comme un symbole de
sa renaissance, de sa transfiguration, de la per-
pétuité de son être, de son retour, sous la forme
qu'il a déjà possédée, dans un monde où il ne
connaîtra plus la mort.

On ne comprendra jamais les monuments de
l'archéologie égyptienne si on ne tient compte
de ce symbolisme profond qui les pénètre à peu
près tous.

Des concombres, une plaquette où figurent
trois oies troussées, représentent au bas de la
vitrine K les offrandes qu'il était d'usage de
déposer en nature dans les tombeaux:

VITRINE L.

Autres échantillons divers de l'industrie
égyptienne. Il en est de toutes sortes, de
toutes dimensions et de toutes couleurs. Une
petite tortue de calcaire fin sert de centre
à une remarquable collection d'animaux, hippopotames, poissons, grenouilles, oies etc. De
chaque côté sont disposées des représentations
en pâtes de verre de couleurs variées, singes
marchant, faces humaines, rosaces. Ces monuments ne sont pas, comme on pourrait le croire

au premier coup d'œil, des mosaïques. Chaque couleur y est un morceau, et chaque morceau est juxtaposé à son voisin par une sorte d'agglutination.

Les lentilles en verre transparent, bleues, jaunes, vertes, proviennent de momies de basses-époques auxquelles elles servaient d'ornement. On enveloppait le cartonnage de la momie d'un stuc épais, et pendant que ce stuc était encore humide et tendre, on y faisait entrer les lentilles selon un dessin convenu. Il est quelques-unes de ces imitations de pierres rares, qui sont remarquables par leur éclat.

VITRINE M.

Ecriture et jeux. Deux damiers occupent le haut de la vitrine avec des pions pour le jeu de dames, des dés, etc., etc. Les palettes de scribe sont de la forme ordinaire. On y trouve les deux godets où étaient conservées la couleur noire et la couleur rouge dont on se servait pour l'écriture des papyrus. La palette de peintre, dont les cinq godets sont encore pleins de leurs couleurs, a été trouvée à Saqqarah dans un tombeau de l'Ancien-Empire. Malgré les incertitudes qui s'attachent à toutes les questions de chronologie égyptienne, nous nous croyons autorisés à affirmer que ce fragile monument est antérieur à Abraham.

VITRINE N.

Echantillons divers, amulettes, ustensiles.

Les anneaux fendus, en jaspe rouge ou blanc, en bronze recouvert d'or, en pâte rouge, sont des monuments qu'on trouve sur les momies, contre l'oreille desquelles ils sont appliqués, Peut-être ces anneaux sont-ils, non des boucles d'oreilles, mais des emblèmes funéraires dont le sens nous est inconnu.

Le Naos placé au milieu de la vitrine est un pectoral sur lequel une adoration à Mnévis, le taureau d'Héliopolis, est représentée. Les monuments de ce genre sont destinés à couvrir et à orner la poitrine des momies. La forme qui leur est donnée est précisément celle de l'un des côtés du sarcophage qui sert d'enveloppe à la momie.

Les amulettes sont assez nombreuses. L'autel a quatre degrés qu'on appelle un *Tat*, ou un nilomètre, rappelle les idées de stabilité, de durée. C'est l'image de l'Osiris arrivé au terme de ses épreuves et se reposant pour l'éternité de son combat contre le mal. L'œil mystique qu'on

prononce *Ut'a* indique une période achevée.
Placé sur une momie, l'*Ut'a*, est un souhait
qui s'adresse à l'âme pour qu'elle parvienne
saine et sauve au séjour où l'attend la quiétude
éternelle. Au même ordre d'idées appartiennent
les sceaux, les boucles de ceinture, etc. Le bas
de la vitrine montre au visiteur une colonnette
s'épanouissant en fleur de lotus. « Cette colonnette est toujours en pierre verte ou en pâte de
verre de même couleur, car elle reproduit l'hié-
roglyphe exprimant l'état de ce qui est vert,
verdoyant et par suite florissant et prospère.
Le sens de l'amulette s'explique de lui-même
(Pierret, *Dict. d'Archéologie égyptienne).* »
Tous les monuments que nous venons de passer
en revue proviennent des tombeaux et font
partie du mobilier funéraire si compliqué qui
accompagne les momies.

§ IV. — MONUMENTS ISOLÉS.

Nous avons douze nouveaux numéros à ajouter au Catalogue général des monuments exposés dans la galerie du Trocadéro. Ceux-ci sont une annexe des vitrines A et B. Il s'agit encore cette fois de l'Histoire de l'Art. Nous ne sortons pas de l'Ancien-Empire et des plus antiques témoins qu'aucun peuple puisse montrer des premiers essais que l'homme a tentés dans la voie de la civilisation.

Autant que possible, nous rangeons cette nouvelle série dans l'ordre chronologique.

106. — Saqqarah. Bois. H. moy. 1,15

Trois panneaux de bois qui couvraient le fonds de quatre fausses portes trouvées dans le tombeau d'un nommé *Hosi*.

Comme plan, comme construction, comme choix de matériaux, ce tombeau se distingue profondément des autres, et sur ces seuls indices nous le placerions dans l'une des dynasties qui ont précédé la IVe.

D'un autre côté, c'est au même résultat que nous fait arriver l'étude des trois panneaux de bois. Comparé au style des autres monuments de l'Ancien-Empire, le style des panneaux prend, en effet, dans l'art égyptien, la place de ce qu'on appelle autre part le style archaïque. Les finesses de la gravure, le groupement inusité des hiéroglyphes et les formes rares de plusieurs d'entre eux, l'arrangement jusqu'à présent unique des ustensiles que le personnage porte dans ses mains, sont en effet des traits distinctifs qui nous montrent dans les trois panneaux des monuments extraordinairement anciens. On remarquera surtout le caractère de la tête dont les joues osseuses et le nez fortement aquilin n'ont absolument rien qui rappelle la figure pleine, le nez rond, les lèvres épaisses et souriantes des autres statues de l'Ancien-Empire.

Les panneaux du tombeau d'Hosi sont ainsi ce que nous avons de plus ancien à offrir au visiteur de notre Exposition. Ils nous sont certainement antérieurs de six mille ans. Peut-être ne se risquerait-on pas beaucoup en les regardant comme bien plus anciens encore. En tous cas, ils précèdent les Pyramides.

107 à 118. — SAQQARAH. Granit et Calcaire.

On comparera ces douze statues entre elles. Nous pouvons en former, au point de vue l'art, deux groupes distincts :

Du n° 107 au n° 111 est le groupe le plus ancien. Nous n'allons pas au-delà du commencement de la XVIII° dynastie, mais nous ne descendons pas plus bas que le milieu de cette même famille royale. Les statues ont alors un aspect *sui generis* qui ne trompe pas. Le style général est rude, heurté. La perruque est évasée et rejetée en arrière, laissant les oreilles à découvert. Le cou est court, à peine dégrossi. Les épaules sont larges, la figure sèche et dure. Tout est trapu et anguleux.

Un adoucissement se produit à partir du milieu de la IV° dynastie, et surtout sous la V° (n°s 112 à 118). Les faces sont pleines, souriantes; le nez est rond, la bouche bienveillante. On se souvient encore des grandes perruques évasées tombant carrément sur le dos; mais on emploie de préférence les perruques rondes qui couvrent et cachent les oreilles. Les hanches deviennent alors peu saillantes et l'anatomie des genoux est étudiée avec un soin qu'on ne trouve pas autre part.

Répétons-le. Peut-être, prises en elle-mêmes et au point de vue abstrait de l'art, ces statues n'ont-elles qu'un médiocre intérêt. On ne les regardera cependant pas sans un certain respect si on y voit les plus anciens et les plus vénérables monuments de l'art du sculpteur que la main de l'homme ait produits.

TABLE DES MATIÈRES.

	Pages.
Avant-propos.............................	5
§ Ier. — *Introduction*....................	9
§ II. — *Tableaux*	15
Tableau n° 1.....................	18
— 2.....................	19
— 3.....................	22
— 4.....................	25
— 5.....................	28
— 6.....................	30
— 7.....................	31
— 8.....................	33
— 9.....................	35
— 10.....................	38
— 11.....................	41
— 12.....................	43
§ III. — *Vitrines*.......................	48
Vitrine A.......................	48
— B.......................	65
— C.......................	70
— D.......................	99
— E.......................	105
— F.......................	108
— G.......................	111
— H.......................	112
— I.......................	113
— J	114
— K.......................	116

Pages.

Vitrine L...................... 117
— M 118
— N...................... 119

§ IV. — *Monuments isolés*............... 121
Panneaux de bois (n° 106)........ 121
Douze statues de l'Ancien Empire
(n°ˢ 107 à 118)............... 122

Paris. — Impr. F. PICHON, 14, rue Cujas, et 51, rue des Feuillantines.

www.ingramcontent.com/pod-product-compliance
Lightning Source LLC
Chambersburg PA
CBHW051729090426
42738CB00010B/2165